Hallo,
schön, dass du da bist!

Was ist der indianische Minutenschritt?
Wo hörst du Musik unterm Sternenhimmel?
Wer sind Hoppeditz und Venetia?

Mit diesen und noch viel mehr mausschlauen Fragen
lernst du Düsseldorf besser kennen. Die Landes-
hauptstadt von Nordrhein-Westfalen hat vieles
zu bieten: Action, Natur, Kunst, Freizeit, Sport.
Geschichtsträchtige Orte und abenteuerliche
Aktionen warten auf dich! Warst du schon mal
in der Kanalisation? Oder weißt du, wie man im
Weltraum Minigolf spielt?

Ob auf dem Wasser, in luftiger Höhe, auf dem Eis
oder unter der Erde – es gibt viel zu entdecken für
dich in Düsseldorfs Innenstadt, in den Stadtteilen
und in der Umgebung. Von der Unterwasserwelt bis
zum Sternenhimmel ist so manches dabei, das dich
neugierig macht auf die Stadt am Rhein.

Du kannst Oldtimer und winzige Bäume bestau-
nen, Rehe streicheln und dich wie in Japan fühlen.
Gemeinsam mit deiner Familie erforschst du die
Steinzeit, moderne Kunst, besondere Spielplätze und
das Leben der Indianer.

Viel Spaß beim Ausprobieren und Entdecken!

Geschichte & Museen

Gebäude & Bauwerke

Spiel & Sport

Aktion & Erlebnis

1

SchifffahrtMuseum Düsseldorf, oder:

WO GEHT'S LANG BEI STEUERBORD?

Beim Gang durch das SchifffahrtMuseum erfährst du ungewöhnliche Sachen. Zum Beispiel, wozu ein Arschgewicht da ist. Das ist in diesem Fall kein Schimpfwort, sondern ein Gewicht aus Metall für Taucher. Auch von einer Fliegenden Brücke hast du bestimmt noch nicht gehört. Im Museum kannst du außerdem testen, wie es ist, einen großen Lastkahn zu lenken.

Was stellst du dir unter einer Fliegenden Brücke vor? Komische Vorstellung – eine Brücke, die fliegt, oder? Im SchifffahrtMuseum findest du die Erklärung. Bei einer Fliegenden Brücke handelt es sich um eine Fähre, die an einem langen Drahtseil hängt. Sie nutzt die Strömung des zu überquerenden Flusses, um von dem einen Ufer zum anderen zu gelangen. Damit konnten Menschen den Rhein überqueren, bevor es feste Brücken gab. Noch viel mehr rund um den Rhein und über das Leben am und im Fluss erfährst du in diesem Museum. Es liegt, natürlich, direkt am Rhein in der Altstadt. Am besten lässt du dir am Eingang das Heft mit der Museums-Rallye geben. Die 22 Fragen leiten dich durch den gesamten Ausstellungsbereich. Du beginnst tief unten im Kellergewölbe. Hier läufst du erst einmal den Rhein entlang. Auf dem Boden ist sein Verlauf aufgezeichnet. Von seiner Quelle in den Schweizer Alpen bis zur Mündung in die Nordsee legt der Rhein mehr als 1000 Kilometer zurück. Düsseldorf entdeckst du ungefähr in seiner Mitte.

Binnenschifffahrt seit 2000 Jahren

Hier unten siehst du auch Modelle früher Schiffe. Schon seit mehr als 2000 Jahren ist der Rhein ein wichtiger Handelsweg. Wie sich die Schiffe im Laufe der Zeit verändert haben, entdeckst du an den Modellen in den anderen Etagen. Ein großes Containerschiff selber fahren kannst du im zweiten Obergeschoss. Jedenfalls mit einem Simulator. Hier kannst du dich als Steuermann oder Steuerfrau ausprobieren. Das Steuerrad ist aus echtem Holz. Auf der gegenüberliegenden Wand siehst du ein Computerbild-Schiff. Wenn du am Steuerrad drehst, reagiert das Computer-Schiff zeitverzögert auf dein Lenken. Ganz leicht lässt sich das Steuerrad nach links und rechts bewegen. Nein, nach Backbord und Steuerbord. Was heißt das eigentlich? Die Bezeichnungen sind geläufig in der Seemannssprache, ob bei Lastkähnen, Segelbooten oder

Erkun-
dige dich
nach einer
Kinder-
führung

Motorjachten. Backbord ist die linke Seite in Fahrtrichtung, Steuerbord die rechte Seite. Das kommt daher: Schon in den Anfängen der Schifffahrt war das Steuer an der rechten Seite angebracht. Der Steuermann stand mit dem Rücken zur linken Seite. Und Rücken heißt auf Englisch back. Also war links Backbord. Und rechts die Seite mit dem Steuer, also Steuerbord. Die Richtungsangaben gelten nicht nur für Wasserfahrzeuge, sondern auch für Flugzeuge und Raumfahrzeuge. Doch zurück zum Steuerrad im Museum. Die Position im Fahrwasser zu halten, ist gar nicht so einfach, auch wenn das Steuerrad so leicht in der Hand liegt. Schaffst du es bis zum Anleger, oder kollidierst du vorher mit dem Rheinufer?

Gebäude mit Geschichte

Das Museum ist in einem Turm untergebracht, im Schlossturm. Das weiße Gebäude am Rhein ist ein Wahrzeichen Düsseldorfs. Denn früher gab es hier viele Jahre lang ein richtiges Schloss. Als das Stadtschloss nach Bränden und Verfall nicht mehr zu retten war, beschloss man, den Turm als Erinnerung zu erhalten. Der Platz, auf dem das Stadtschloss stand, sollte aber nie wieder bebaut werden. Die Städtebauer haben sich an die Vorgabe ihrer Vorgänger gehalten. Bis heute ist hier der unbebaute Burgplatz.

Auf den insgesamt sieben Etagen des Turms ist seit 1984 das Schifffahrtsmuseum untergebracht. Nach deinem Museumsrundgang landest du über den letzten Wendeltreppenabschnitt ganz oben in einem Café. Der Ausblick auf Stadt und Fluss ist toll! Hier kannst du die Schiffe auf dem Rhein beobachten. Und wenn du durch ein Fenster auf den Fluss und das Treiben rund um den Turm schaust, fühlst du dich vielleicht ein wenig wie eine Schlossherrin. Oder wie ein Schlossherr.

SchifffahrtMuseum im Schlossturm
Burgplatz 30
40213 Düsseldorf
Tel. (02 11) 8 99 41 95
www.freunde-schifffahrtmuseum.de

Hast du dich auch schon mal gefragt, warum die großen Lastkähne auf dem Rhein nicht untergehen? Sie transportieren tonnenweise Fracht und haben ja selber auch schon ein ziemliches Gewicht. Trotzdem schwimmen sie auf dem Wasser und sinken nicht. Wenn du dagegen einen kleinen Stein vom Rheinufer aus ins Wasser wirfst, geht er ruck, zuck unter.

Das hat mit dem Verhältnis von Dichte und Auftrieb zu tun. Klingt kompliziert? Ist es nicht, wenn du dir Folgendes vorstellst: Der ganze Stahl des Schiffes wird zu einem Klumpen zusammengepresst ins Wasser geworfen – dann geht es schnell unter. Wird der Stahl dagegen so verbaut, dass ein Schiffskörper mit großem Hohlraum entsteht, verteilt sich das Gewicht auf eine viel größere Fläche. Das Schiff schwimmt.

Noch deutlicher wird das, wenn du dir Knete nimmst und zunächst zwei möglichst gleich große Kugeln formst. Die eine legst du beiseite. Aus der zweiten Kugel formst du einen flachen Schiffskörper. Mit einem Mast aus Strohhalm und Papier. Der Mast ist eigentlich nur dafür da, dass alles echter aussieht, wie ein Schiff eben. Dann brauchst du noch eine große Schüssel mit Wasser. Oder du füllst die Badewanne ein wenig mit Wasser. Knetkugel rein: Sie geht unter. Knetschiff rein: Es schwimmt. Die Dichte der Kugel ist höher als die bei deinem Knetschiff. Die größere Schiffsform verdrängt mehr Wasser. Und bekommt dadurch Auftrieb.

Der Auftrieb ist übrigens immer so stark, wie die Menge Wasser, die der Körper verdrängt. Deswegen fühlst du dich beim Schwimmen im Wasser auch leichter an als an Land. Dann hast du auch Auftrieb, weil du Wasser verdrängst.

EXPERIMENT

2

Mit diesen Bäumen könntest du prima ein Puppentheater ausstatten. Die Waldkulisse würde gut zu kleinen Theaterfiguren passen. Keiner der Bäume ist größer als ein Meter. Zum Vergleich: Üblicherweise wird eine Kastanie 25 Meter hoch. Eine Buche kann sogar 40 Meter hoch werden. Im Bonsai-Museum gehst du auf Entdeckungstour im Mini-Wald.

Bonsais nennt man diese Mini-Ausgaben der sonst so hochwachsenden Bäume. Mehr als 100 verschiedene kannst du im Bonsai Museum anschauen. Bonsai bedeutet „Pflanzung in einer Schale". Die Idee dazu kommt aus Asien. Sie ist schon viele Jahrhunderte alt. In Japan und China wird das Wissen der Baumpflege von Generation zu Generation weitergegeben.

Deutschlands einziges Bonsai-Museum !

Welt der Mini-Bäume

Werner M. Busch, der Betreiber des Düsseldorfer Museums, entdeckte die Liebe zu den kleinen Bäumen als junger Mann. Das Wissen, wie man sie züchtet und pflegt, eignete er sich auch auf Japan-Reisen an. Es ist nämlich gar nicht so einfach, dafür zu sorgen, dass ein Baum langsamer wächst und sich dennoch entfalten kann. Von Beginn an müssen die Bäume geschnitten und speziell gepflegt werden. Nur so werden sie zu feinen Miniatur-Bäumen. Obwohl so klein, sind sie teilweise schon 100 Jahre alt. Alle seine Bonsai-Bäu-

Info

BONSAI MUSEUM DÜSSELDORF E. V.
Hammer Dorfstraße 167

40221 Düsseldorf
Tel. (02 11) 30 67 73
www.bonsai-museum.de

me wachsen in einer flachen Schale. Ihre zarten Wurzeln brauchen wenig Erde.

Auf dem Lehrpfad quer durchs Freiluftmuseum lernst du die Geschichte und Ideen der Bonsai-Tradition genauer kennen. Gar nicht so einfach ist es, bei den einzelnen Bäumen die jeweilige Art zu erraten. Ahorn, Kiefer, Apfelbaum oder Fichte sehen als Bonsai ganz anders aus. Ergänzend zu den Bonsais zeigt das Museum in einem Extraraum Suiseki. Auch Suiseki kommt aus Asien. Es handelt sich dabei um kleine Kunstwerke aus Steinen. Unbearbeitete Steine aus der Natur werden zu Landschaften oder Skulpturen zusammengelegt. Klingt einfach, sieht schön aus, und du kannst es ja selbst mal ausprobieren.

Japanisches Viertel, oder: WER BRAUCHT FÜR DIE TEEZUBEREITUNG EINEN BESEN?

Hast du schon mal von Sushi, Matcha und Bento-Boxen gehört? Oder von Mangas, Origami und Kalligrafie? All dies sind typische Dinge der japanischen Küche und Kultur. Rund um die Immermannstraße in der Innenstadt kommst du den Besonderheiten des Landes nahe.

Im japanischen Viertel Düsseldorfs gibt es viele landestypische Geschäfte und Restaurants. Willst du einmal Sushi probieren, bist du hier richtig. Das traditionelle Gericht besteht aus gerolltem Reis mit diversen Zutaten. Am bekanntesten ist es mit rohem Fisch. Wenn du das zu ungewöhnlich findest – es gibt auch leckere Sushi-Röllchen mit Gurke, Paprika und Frischkäse. Alles eingewickelt in ein Nori-Blatt, das sind getrocknete Meeresalgen. Beim japanischen Bäcker kannst du Melonpan probieren. Melone ist nicht drin in dem japanischen Keks. Aber das eingeritzte Muster auf seiner Oberfläche soll an eine bestimmte Melonenart erinnern, die Cantaloupe-Melone. Deswegen der Name.

In den übrigen Geschäften mit Einrichtungsgegenständen, Lebensmitteln und Kleidern fühlst du dich fast wie im Fernen Osten. Kimonos, das traditionelle Kleidungsstück, gibt es hier ebenso wie Zori-Schuhe. Sie sind traditionell aus Reisstroh gemacht und gelten als Vorgänger der FlipFlops. Und da ist noch eine Besonderheit: die Bento-Box. Sie ist deiner Schulbrotdose ähnlich. Sie hat praktische Unterteilungen, und es gibt sie in tollen Designs. In Japan nimmt man sie nicht nur mit in die Schule, sondern auch ins Büro.

Tee statt Kaffee

Japan ist bekannt für seine Teekultur. Von deinen Eltern kennst du vielleicht, dass sie gerne Kaffee trinken. Bei Japanern steht der Tee als Getränk viel höher im Kurs. Ein ganz spezieller, teurer Tee ist der Matcha. Ein feiner Grüntee. Für seine Zubereitung braucht es spezielles Zubehör: Bambuslöffel, Matcha-Besen und Matcha-Schale. Das grüne Teepulver wird nämlich nicht einfach mit Wasser aufgeschüttet und verrührt, sondern mit einem zarten Besen aus Bambus-stäbchen im Wasser geschlagen. Bis es schaumig wird. So entfaltet der Tee seinen Geschmack besser. Das jedenfalls meinen die Matcha-Kenner. Matcha-Tee enthält Koffein, das auch in Kaffee enthalten ist – deswegen sollten das lieber nur deine Eltern ausprobieren.

Japanische Kultur im EKO-Haus

Nach Paris und London leben in Düsseldorf die meisten Japaner in Europa. Rund 7000. Die Mehrzahl wohnt in den Stadtteilen Ober- und Niederkassel. Das ist in der Nähe der japanischen Schule, des japanischen Kindergartens und des Kulturzentrums EKO-Haus. Die Schriftzeichen E-KO haben die schöne Bedeutung *sanfter Glanz*. Eingraviert sind sie im Inneren des buddhistischen Tempels. Er gehört zum Kulturzentrum genauso wie der japanisch angelegte Garten und das traditionell eingerichtete Holzhaus. Dieses Kulturzentrum kannst du besichtigen wie ein kleines Museum. Und einmal im Jahr findet der Japan-Tag statt, eine riesige Veranstaltung. Mehr als eine halbe Million Menschen kommen zu diesem Event. Die in Düsseldorf lebenden Japaner zeigen dir dann alles, was typisch ist für ihr Land. Da kannst du bunte und verrückte Manga-Verkleidungen bestaunen. Vor allem Jugendliche ziehen sich an und schminken sich wie japanische Comic-Figuren. Du kannst bei asiatischer Kampfkunst zuschauen oder sie ausprobieren. Und du lernst Origami kennen. Das ist eine spezielle Falttechnik für Papier-Bastelarbeiten. Das japanische Feuerwerk verschönert dann später am Abend den Düsseldorfer Himmel. Vielleicht darfst du ja mal länger aufbleiben und zuschauen.

Japantag ist immer im Mai oder Juni, das genaue Datum findest du unter www.japantag-duesseldorf-nrw.de

Info

EKO-HAUS FÜR JAPANISCHE KULTUR
Brüggener Weg 6

40547 Düsseldorf-Niederkassel
Tel. (02 11) 5 77 91 82 19
www.japantag-duesseldorf-nrw.de

Bei einem Besuch in dem buddhistischen Tempel im EKO-Haus kannst du dir ein bisschen Glück mitnehmen. In einem Körbchen am Tempelausgang liegen Papier-Kraniche. Dieser Vogel gilt in der japanischen Kultur als Symbol für Glück und ein langes Leben. Er ist in Origami-Falttechnik aus Papier gebastelt. Der Kranich ist der bekannteste Origami-Vogel, wenn auch ein wenig kompliziert zu falten. Vielleicht fängst du besser erst einmal mit einem Hund an?

Für einen Origami-Hund benötigst du ein quadratisches Blatt Papier, also eines mit vier gleichen Seitenlängen (1.). Du legst nun eine Ecke auf die gegenüberliegende Ecke (2.). So entsteht ein Dreieck. Das Dreieck liegt jetzt so vor dir, dass die lange Seite oben ist und die Spitze unten. Jetzt klappst du die obere rechte Ecke nach unten (3.). Das Hundegesicht bekommt sein erstes Ohr. Dann faltest du die andere Ecke schräg nach unten (4.). Schlappohr zwei ist fertig. Für die Hundeschnauze nimmst du die Dreiecksspitze unten und knickst sie ein wenig nach oben (5.). Für die Hundenase knickst du die Spitze jetzt wieder etwas nach unten (6. + 7.). Nun kannst du noch zwei Augen aufmalen und die Schnauze mit einem schwarzen Stift deutlicher machen (8.). Fertig ist dein Hündchen-Gesicht. Das war einfach, oder? Mit Origami lassen sich neben Kranichen Pfaue, Frösche und Hasen basteln. Wenn es dir Spaß macht, leih dir doch mal ein Buch in der Bücherei dazu aus. Dann hast du ganz einfache Geschenkideen für die nächsten Geburtstage.

BASTELSPASS

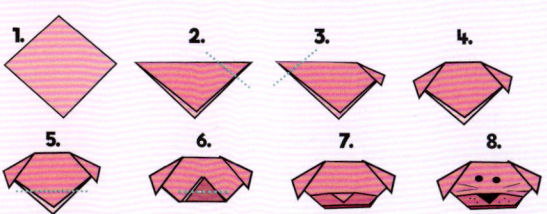

1. 2. 3. 4.

5. 6. 7. 8.

3

KIT, oder: WO HÄNGT KUNST IM AUTOTUNNEL?

Das KIT ist ein ganz besonderes Museum – es liegt unter der Straße, direkt unter der Düsseldorfer Rheinuferpromenade. Der abgekürzte Name steht für „Kunst im Tunnel". Hier kannst du in einem Seitenarm des Rheinufertunnels Bilder und Skulpturen entdecken. Und selbst zum Künstler oder zur Künstlerin werden.

Bis Anfang der 90er-Jahre rauschten die Autos noch oben auf der Straße am Rhein entlang. Zehntausende jeden Tag. Das kannst du dir heute wahrscheinlich nur noch schwer vorstellen. Mit einem riesigen Bauvorhaben wurde das geändert – der Rheinufertunnel entstand. Die Autos fahren seitdem unterirdisch. Beim Bau dieses Tunnels blieb ein großer, ungenutzter Hohlraum übrig. Erst wollte man diesen Tunnelabschnitt einfach mit Zement zuschütten. Dann baute man ihn aus.

Unterirdischer Ausstellungsbereich

In dem Raum zwischen den Tunnelröhren ist Kunst eingezogen. Das KIT-Museum. Von oben, von der Rheinuferpromenade aus, siehst du nur den dazugehörigen verglasten Pavillon. Er dient als Eingang und Café. Über eine große Treppe geht es abwärts in den schmalen, lang gezogenen Ausstellungsraum. Er ist leicht geschwungen, weil er parallel zum Rhein verläuft. Die Höhe der Decke ist unterschiedlich. Sie wird immer niedriger, sodass du nicht aufrecht bis ans andere Ende gehen kannst. Die Breite des Raumes verän-

KIT/KUNST IM TUNNEL
Mannesmannufer 1 b

40213 Düsseldorf
www.kunst-im-tunnel.de

dert sich auch – mal ist er acht Meter breit, mal nur einen Meter. Von den Autos in der unmittelbaren Nachbarschaft bekommst du nichts mit. Dafür sorgen dicke Betonwände. An den kargen Betonwänden kommt die ausgestellte Kunst gut zur Geltung. Du verstehst die gezeigten Werke, die alle von jüngeren Künstlerinnen und Künstlern sind, vielleicht besser bei einer Führung, die extra für Kinder angeboten wird. Das KIT zeigt mehrere Gruppen-Ausstellungen im Jahr. Es gibt also immer wieder Neues zu entdecken. Und bei den Workshops kannst du selber für Kunst im Tunnel sorgen.

Kinder haben freien Eintritt !

4

Filmmuseum Düsseldorf, oder: WIE LERNEN BILDER LAUFEN?

Die Maus, den kleinen Elefanten und Shaun das Schaf kennst du vielleicht auch aus dem Fernsehen. Hier treten sie in Zeichentrickfilmen auf. Im Filmmuseum Düsseldorf kannst du deinen eigenen Mini-Zeichentrick erstellen und sogar eigene Filme drehen.

Die Freude an bewegten Bildern ist älter als die Computerwelt, mit der heutzutage Zeichentrick- und Animationsfilme entstehen. Im Filmmuseum Düsseldorf kannst du eintauchen in diese Welt der bewegten Bilder. Am Anfang reichten eine Lichtquelle und eine Leinwand. Beim Schattenspiel kommen entweder der eigene Körper, die eigenen Hände oder kleine Figuren zum Einsatz, um eine Geschichte zu erzählen. Eine Auswahl dieser Schattenspielfiguren aus China, Indien und der Türkei stellt das Filmmuseum in seiner Sammlung aus.

Der erste Animationsfilm

Eine fortgeschrittenere Methode ist der Scherenschnitt-Film. Schwarze Figuren und Szenen, fein ausgeschnitten aus festem Papier, werden auf eine Glasplatte gelegt. Darunter ist eine Lichtquelle, darüber eine Kamera. Mit ihr werden Fotos gemacht von den Szenen, die immer wieder leicht verändert und neu gelegt werden müssen. Der im Museum ausgestellte Tisch gehörte Lotte Reiniger. Sie gilt als Erfinderin dieser Filmmethode und war weltweit die Erste, die einen abendfüllenden Animationsfilm ins Kino brachte. Indem sie 90.000 Einzelbilder aneinanderfügte! Für einen etwa einstündigen Film. Das ist jetzt fast 100 Jahre her.

Animare bedeutet zum Leben erwecken

Etwas abgewandelt kannst du die Methode im Filmmuseum
selber ausprobieren. Bei einem der zahlreichen Workshops
zeichnest du einen eigenen Mini-Zeichentrickfilm. Lotte
Reiniger machte Fotos, du zeichnest die Bilder. Und zwar
direkt auf einen Filmrollen-Abschnitt mit 24 Feldern. Also
24 Einzelbilder mit leichter Veränderung. Zum Beispiel eine
Sonne, die untergeht. Oder einen Vogel, der vorbeifliegt. Das
ergibt, wenn es fertig ist und dann von einem Filmprojektor
abgespielt wird, eine Sekunde Film mit Bewegung in den
Bildern. Ganz schön aufwendig. Aber so ist das beim Film.

Vom Stumm- zum Tonfilm

Im Filmmuseum geht es natürlich nicht nur um Zeichentrick und Animation. Du kannst auch selber einen Film drehen. Mit Verkleidung, Fantasie und einer Rahmenhandlung entsteht eine Geschichte mit verschiedenen Szenen, die dann später zusammengeschnitten werden. Einer probiert sich als Kameramann, andere werden zu Schauspielern. Die Szenen werden an verschiedenen Stellen im Museum aufgenommen und so erkundest du gleichzeitig die verschiedenen Stockwerke des Hauses. Im ersten Stock sind historische Kostüme aus Filmen ausgestellt, und ein Wanderkino ist aufgebaut, wie es früher auf der Kirmes stand. Im zweiten kannst du verschiedene optische Geräte ausprobieren, die Bilder zum Laufen bringen. Im dritten Stock befindet sich unter anderem ein nachgebautes Studio mit einer Bar als Kulisse. Und im vierten Stock geht es um den Wandel vom Schwarz-Weiß-Film zum Farbfilm.

Das kannst du dir angesichts der bunten und aufwendigen Kinofilme heute wahrscheinlich gar nicht mehr vorstellen – dass es Filme lange Jahre nur in Schwarz-Weiß gab. Und das ohne Ton, nur die (stummen) Schauspieler waren zu sehen. Stummfilme nannte man das. In großen Kinos spielte sogar ein Orchester während der Filmvorführung live Musik. Zur Untermalung und Verdeutlichung der Handlung. In kleinen Kinos gab es nur einen einzelnen Klavierspieler. Seit den 30er-Jahren setzte sich der Tonfilm durch. Die Technik hatte sich weiterentwickelt, den Stummfilm brauchte man nicht mehr.

Info

FILMMUSEUM DÜSSELDORF
Schulstraße 4
40213 Düsseldorf

Tel. (02 11) 8 99 22 32
www.duesseldorf.de/filmmuseum

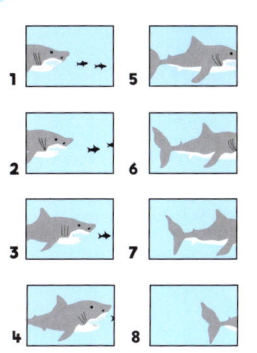

Warum sehen wir Bilder als Film? Das liegt daran, dass unser Auge träge ist in der Wahrnehmung von Einzelbildern. 15 Bilder pro Sekunde kann das Auge noch als Einzelbilder erkennen. Alles, was darüber hinausgeht, sieht es als Bewegung. Das Daumenkino nutzt diese Eigenart des Sehens, ähnlich wie der Zeichentrickfilm. Ein Daumenkino kannst du auch zu Hause leicht selber machen. Such dir ein handliches Papierformat aus und schneide dir 40 bis 50 gleich große Blätter zu. Nun füllst du die Seiten mit Zeichnungen und lasse links immer etwas Platz. Denk dir eine Szene aus, in der sich etwas bewegen soll. Für die Geschichte hast du bestimmt eigene Ideen. Achte nur darauf, dass sie nicht zu kompliziert ist. Vielleicht malst du einen Fisch, der durchs Wasser schwimmt. Oder ein Strichmännchen, das mit einem Ball spielt. Wichtig ist, dass es einfache Darstellungen sind, weil du dieselben Figuren ja 40 bis 50 mal zeichnen musst: auf jedem Blatt mit einer kleinen Veränderung in der Position. Zum Beispiel kann der Fisch von links nach rechts durchs Bild schwimmen. Oder du malst ein Herz erst klein und kannst es dann auf den nächsten Seiten größer werden lassen, bis es auf den hinteren Seiten wieder klein wird. Oder du malst die Maus, wie sie winkt oder läuft.

Kannst du dir schon vorstellen, wie die bewegte Bildfolge aussehen wird? Wenn die Blätter gefüllt sind, legst du sie in der richtigen Reihenfolge übereinander und lochst sie links an der Seite. Zieh ein Band durch die Löcher. Jetzt lass dein Daumenkino durch die Finger gleiten. Film ab!

EXPERIMENT

5

K21 Ständehaus, oder:
WO KANNST DU ÜBER EIN SPINNENNETZ LAUFEN?

Wenn Farben Geschichten erzählen und du über ein Spinnennetz laufen kannst, bist du in einem Kunstmuseum. Und zwar im K21 Ständehaus, dem Museum für Kunst aus dem 21. Jahrhundert. Ein Kinderprogramm mit Extra-Führungen, Workshops und Kursen bringt dir die Kunstwelt schnell näher. Hier kannst du zum Beispiel verschiedene Foto- und Videotechniken ausprobieren. Oder du hältst deine Eindrücke in einem speziellen Ausstellungstagebuch fest.

Das K21 besteht aus vielen Künstlerräumen, die immer mal wieder umgestaltet werden. Und in jedem erwartet dich etwas Anderes. Wenn du zum Beispiel den Raum mit dem Titel „Grey Dawn" – das bedeutet „Graue Dämmerung" – betrittst, siehst du erst einmal fast nichts. Das hat der amerikanische Künstler James Turrell so gewollt. Er spielt in seinen Werken mit Lichteffekten. Magisch angezogen wird der Blick von einer hellgrau-schimmernden Fläche am Ende des Raums. Langsam wird sich dein Auge an die Dunkelheit gewöhnen. Wenn du dann vorgehst zu der hellen Farbfläche, solltest du unbedingt versuchen sie anzufassen. Das ist bei diesem Kunstwerk ausnahmsweise erlaubt. Du wirst eine Überraschung erleben.

Spinnen im Kunstmuseum

Ein Kunstwerk im K21 überspannt das ganze Gebäude: Ein riesiges Netz mit mehreren Ebenen befindet sich dicht unter

K21 STÄNDEHAUS
Ständehausstraße 1

40217 Düsseldorf
www.kunstsammlung.de

der Glaskuppel des Gebäudes, drei Stockwerke über dem Eingangsfoyer. Vorbild für den Künstler Tomás Saraceno waren Spinnen. Diese hat er lange beobachtet beim Netzbauen. In einem Extraraum kannst du die echten Spinnennetze sogar sehen. Ganz ohne Glasschutz, also Abstand halten. Das nachgebaute Riesen-Spinnennetz kannst du erkunden. Voraussetzung dafür ist ein wenig Mut für die schwindelerregende Höhe von 25 Metern und dass du schon zwölf Jahre alt bist. Das aufwendige Kunstwerk heißt „in orbit", was so viel heißt wie „in der Umlaufbahn". So wie der Mond die Erde umkreist in seiner Umlaufbahn, fühlst du dich vielleicht frei und doch verbunden mit der Erde, wenn du dich über die Netze bewegst.

Noch mehr Kunst erkunden

Passend zum K21 gibt es noch das K20. Genau, dort werden Kunstwerke aus dem 20. Jahrhundert gezeigt. Zum Beispiel von Joseph Beuys, einem ganz bekannten Düsseldorfer Künstler, der sogar aus Fett, Koffern und Fell Kunstwerke gemacht hat.

Spinnen bringen Künstler auf Ideen !

Haus des Karnevals, oder:
WARUM TRÄGT DER KARNEVALSPRINZ STRUMPFHOSEN?

6

Karneval ist in Düsseldorf so wichtig, dass es sogar ein eigenes Museum dafür gibt. Und zwar ein ganz buntes und abwechslungsreiches. Im Haus des Karnevals warten auf drei Stockwerken tolle Kostüme, lustige Bilder, viele Orden, Narrenkappen und Fotos von Rosenmontagsumzügen auf dich.

Für jede Session, so nennt man die Zeitspanne vom Karnevalsstart am 11. November bis zu seinem Ende an Aschermittwoch, wird ein neues Prinzenpaar gewählt. Im Haus des Karnevals kannst du die Kleider bestaunen, die so ein Prinzenpaar trägt. Die Karnevalsprinzessin, Venetia genannt, darf sich mit glitzernden Ballkleidern schmücken. Sieben verschiedene hat sie meist. Diese sind alle maßgeschneidert und erinnern an Aschenputtels Ballkleid.

Strumpfhosen für den Prinzen

Etwas spezieller ist die Kleidung für den Prinzen. Weiße Strumpfhosen und rote Lackschuhe sind für ihn Pflicht. Und ein Ornat. Ornat heißt Amtstracht, ist also ein Muss in der Kleidung für Könige, Pfarrer oder eben Karnevalsprinzen. Beim Düsseldorfer Prinzen handelt es sich um ein Oberteil in Rot-Weiß, den Stadtfarben, mit Stehkragen, Puffärmeln und einer kurzen, plustrigen Hose. Für die braucht er eine

Info

HAUS DES KARNEVALS/
KARNEVALSMUSEUM
Zollstraße 9
40213 Düsseldorf

Tel. (02 11) 33 01 01
(Besuch nur mit Anmeldung)
www.comitee-duesseldorfer-carneval.de

Strumpfhose. Jeder Prinz bekommt seinen eigenen Ornat handgefertigt, der von Prinz Peter IV. aus dem Jahr 2001 ist im Karnevalsmuseum ausgestellt. Einen Raum weiter hängen die Fotos aller Prinzenpaare – da kannst du die Veränderung der Zeit auch am Kleidungsstil beobachten. Auch mit den anderen Fotos und Dokumenten tauchst du ein in die Geschichte des Karnevals – von 1893 bis heute. In einem der Räume hängen fast 1800 Karnevalsorden von der Decke. Die Entwurfszeichnungen von Rosenmontagswagen, die Puppen mit ausgefallenen Kostümen und die prunkvollen Narrenkappen bringen dich auch außerhalb der närrischen Jahreszeit garantiert in Karnevalsstimmung. Dann macht das Verkleiden in der nächsten Session umso mehr Spaß. Hast du schon eine Idee für dein Kostüm? Am spannendsten ist ein Besuch des Museums mit einer Führung extra für Kinder.

Ein Prinzenpaar hat 400 Auftritte pro Session !

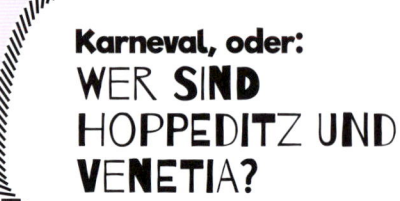

Karneval, oder:
WER SIND HOPPEDITZ UND VENETIA?

Sein Leben dauert nur etwa 15 Wochen. Dafür kommt er jedes Jahr wieder: der Hoppeditz. Am 11. November ist sein Geburtstag. Genau an diesem närrischen Datum, dem 11.11., beginnt die Karnevalszeit in Düsseldorf. Der Hoppeditz erwacht zum Leben.

Hoppeditz ist eine Figur des Düsseldorfer Karnevals. Wenn am 11.11. um 11 Uhr 11 auf dem Düsseldorfer Rathausplatz der Karneval ausgerufen wird, steigt er aus seinem großen Senftopf und hält eine Rede, in der er den Stadtpolitikern die Meinung sagt. Der Name bedeutet so viel wie *hüpfendes Kind*.

Hoppeditz' Leben endet auch wieder genau um 11 Uhr 11. Und zwar am Aschermittwoch, wenn der Karneval vorbei ist. Dann bekommt der Hoppeditz einen Begräbnisumzug durch die Altstadt, und als Strohfigur wird er verbrannt. Das ganze Jahr über kannst du übrigens sein Denkmal sehen. Es steht hinter dem Karnevalsmuseum und besteht aus 72 Einzelteilen. Die haben alle etwas mit Humor zu tun!

Venetia kommt von Venedig

Eine andere wichtige Person im Karneval hat auch einen ungewöhnlichen Namen. Die Karnevalsprinzessin heißt Venetia. Gemeinsam mit dem Karnevalsprinzen begleitet sie die Karnevalszeit. Venetia ist die italienische Form des Städtenamens Venedig. In Venedig wird auch Karneval gefeiert. Aber warum heißt die Düsseldorfer Karnevalsprinzessin wie eine italienische Stadt? Das kommt daher, dass Herzogin Anna Luisa de Medici, die Frau von Kurfürst Jan

Wellem (Jan Wellem war von 1679 bis zu seinem Tod 1711 für die Düsseldorfer Politik zuständig.), gerne Feste feierte. Und zwar venezianische Nächte – Feste mit Musik, Masken und schönen Damen. Die schönste von ihnen wurde auf der Feier zur Venetia gewählt. Und später erhielt die erste Düsseldorfer Karnevalsprinzessin diesen Namen.

Jedes Jahr fährt sie auf einem tollen Wagen mit beim Rosenmontagszug, dem Höhepunkt des Düsseldorfer Karnevals. Vielleicht fängst du ja mal von der Venetia geworfene Süßigkeiten? Neben dem Rosenmontagszug gibt es während der Karnevalstage für Kinder die Veedelszüge in den Stadtteilen wie Gerresheim, Lohausen, Niederkassel oder Eller. Und am Karnevalssamstag den großen Kinderumzug. Von der Kö bis zur Altstadt.

Es gibt auch Kinder-Prinzenpaare !

7

Akki – Aktion & Kultur mit Kindern e. V., oder:

WO LIEGT DAS DÜSSELDÖRFCHEN?

Kann man Klänge fühlen? Wie malt man mit Licht? Was lässt sich in Gesichtern lesen? Die Mitmach-Ausstellungen im Akki-Haus beantworten viele Fragen. Jedes Jahr steht ein anderes Thema im Mittelpunkt – u. a. Licht, Sprache, Luft. Ein Kindermuseum, bei dem du aktiv dabei bist.

Lernen durch Ausprobieren. Erfahrungen sammeln durch Tun. Eigene Ideen umsetzen. Und dabei ganz nebenbei etwas lernen und Neues erfahren. Für dich als Besucher oder Besucherin sind die interaktiven Ausstellungen eine Einladung zum Experimentieren und Mitgestalten. Wie lange braucht ein Ton, um 100 Meter zurückzulegen? Das zeigt dir eine große Konstruktion mit einem verschlungenen 100-Meter-Schallrohr, bei der du am einen Ende hineinsprichst und gleichzeitig am anderen Ende hörst, wann es ankommt. Auf einer mit phosphoreszierender Farbe vorbereiteten Wand lässt es sich prima mit einem Taschenlampen-Lichtstrahl malen. Die Farbe speichert das Licht und reflektiert es zurück. Eine der vielen Ausprobier-Stationen in der Ausstellung *Lichtspiele*. Genauso wie die Duftsammlung beim Thema Luft – von lecker bis eklig sind verschiedene Gerüche dabei. Wieviel errätst du?

Workshops und Projekte

Die jährliche Mitmach-Ausstellung läuft mit wechselnden Themen von November bis Februar. In den anderen Mo-

**AKKI – AKTION & KULTUR
MIT KINDERN E. V.**
40591 Düsseldorf

Tel. (02 11) 7 88 55 331
www.akki-ev.de

naten sorgt das Akki-Team für ein volles Programm mit Workshops und Projekten. Dann kannst du beim Tanz-Labor oder einem Kunstkurs mitmachen, du kannst Fernsehbeiträge drehen und schneiden oder Kleider selber nähen. Und in den Sommerferien wird das Düsseldörfchen errichtet. Eine Stadt für die Düsseldorfer Kinder. Mit Bürgermeisterin, Bank, Autowerkstatt, Zeitung und Theater. Bei dem dreiwöchigen Ferienprojekt stehen mehr als 20 Werkstätten zur Verfügung, um das Leben im Düsseldörfchen zu gestalten. Und du kannst dabei sein! Wie und was Erwachsene so alles arbeiten, kannst du bei der Workshop-Reihe *Näher dran* kennen lernen. Da geht es ums Gärtnern in der Stadt oder Bilderrahmen-Herstellung, den Besuch bei einem Restaurator oder in einer Modeschule.

Akki-Theater im Park, sonntags im Sommer !

8

Römisches Museum Haus Bürgel, oder:
WIE KOMMT EIN RÖMER-KASTELL AUF DIE RECHTE RHEINSEITE?

Als es noch 1000 Jahre dauern sollte, bis die Stadt Düsseldorf entstand, und die Germanen noch in ihren kleinen Hütten mit Strohdach lebten, bauten die Römer ein imposantes Kastell am Rheinufer. Die Festung hatte zwei Meter dicke Mauern, zwölf runde Wachtürme und zwei tiefe Außengräben.

Im 4. Jahrhundert wurde das Römerkastell erbaut. Damals hatten die Römer viele Länder Europas besetzt. Wo heute das Museum ist, lebten früher 150 Soldaten mit ihren Familien. Wie sie lebten, was sie aßen und wie sie kämpften, erfährst du bei einem Rundgang durch Haus Bürgel. So wird das Gebäude heute genannt.

Die große Grenze

Haus Bürgel liegt auf der rechtsrheinischen Seite. Wenn du in Fließrichtung des Wassers schaust, liegt es rechts. Die Römer regierten zwar ein sehr großes Reich – von Spanien bis England – das rechtsrheinische Germania magna konnten sie aber nicht endgültig erobern. So hörte ihr Reich am Rhein auf. Der Fluss wurde ein Teil ihrer befestigten Grenze, die sie Limes nannten. Das heißt auf Latein, in der Sprache der Römer, Grenzwall. Entlang dieses Schutzwalls bauten die Römer viele Wachtürme und Kastelle, um sich zu schützen.

Haus Bürgel war so ein Kastell, eine Burganlage für Soldaten. Aber es steht auf der falschen Rheinseite. Nämlich rechts, wo die Römer eigentlich nie waren. Was ist da schiefgelaufen? Ganz einfach: Der Rhein hat sich ein neues

Die Römer waren Badefreaks!

Flussbett gesucht und seinen Verlauf geändert. 1374 gab es eine sehr große Überschwemmung. Wochenlang herrschte Hochwasser. Als es wieder gesunken war, hatte sich das Rheinbett geändert. Das Römerkastell lag plötzlich auf der rechten Seite des Rheins. Genauer anschauen kannst du dir diese Veränderung des Rheinverlaufs in einem Schaukasten im Römermuseum.

Die Römer waren Badefreaks

Spannend ist eine Führung durch das Museum, dabei erfährst du die Geschichten hinter den Ausstellungsstücken. Die meisten wurden in Gräbern gefunden. Die Römer gaben ihren Verstorbenen nämlich Grabbeigaben mit. Also Dinge, von denen sie dachten, dass sie die im Jenseits gebrauchen konnten. Das waren zum Beispiel ein Krug mit Essen, Trinkbecher, ein Rasiermesser, ein Kamm, Schmuck

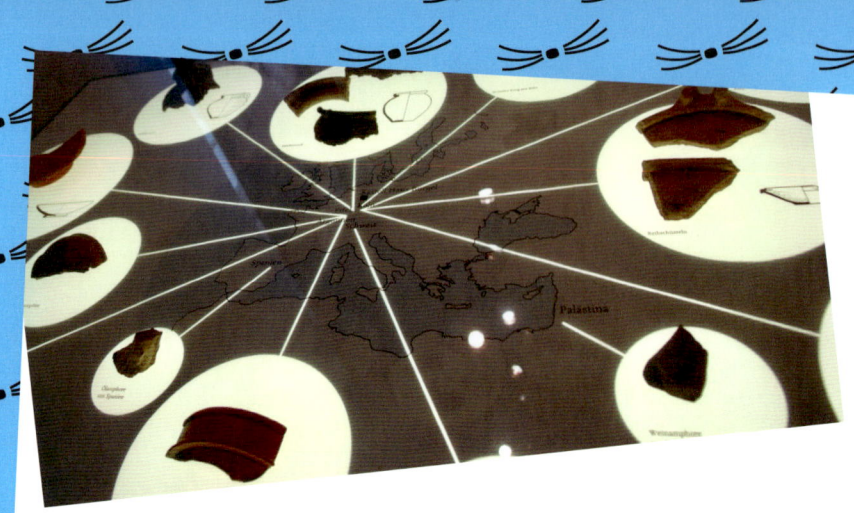

und Münzen. Damals gab es die Vorstellung, dass die Verstorbenen in den Hades, die Unterwelt kommen und es dort für sie mit einem anderen Leben weitergeht.

Während ihres Lebens auf der Erde waren die Römer übrigens Badefreaks. Ein Badehaus mit raffiniertem Beheizungssystem durfte auch im Kastell nicht fehlen. Das Badehaus steht zwar heute nicht mehr. Aber durch Ausgrabungen konnten die Archäologen sich ein Bild machen, was es dort früher alles gab. Nämlich zwei große Becken: ein Kaltwasserbad und ein Warmwasserbecken. Das Becken mit dem warmen Wasser stand auf Stelzen und darunter war Platz für Feuerstellen, sodass das Wasser erwärmt werden konnte. Da der Boden ziemlich heiß wurde, trugen die Römer beim Baden Holzpantoffeln, um ihre Füße zu schützen. Das Warmwasserbecken hieß Caldarium. Vielleicht denkst du jetzt an kaltes Wasser? Falsch. Auf Latein heißt *warm* eben calidus. Und im Italienischen, das vom Lateinischen abstammt, gibt es das Wort caldo – und das bedeutet *warm*.

Auf dem Außengelände ist ein schöner Nutzgarten angelegt. Hier kannst du sehen, was die Germanen aßen, welche Pflanzen die Römer mitbrachten und was dann in späteren Jahrhunderten noch dazukam. Dort kannst du auch herausfinden, ob die Römer schon Pommes mit Ketchup kannten.

Info

RÖMISCHES MUSEUM
HAUS BÜRGEL
Urdenbacher Weg

40789 Monheim am Rhein
Tel. (0 21 73) 9 51-140
www.hausbuergel.de

Nüsse, Steine und Hölzer gehörten zur Grundausstattung der römischen Spielekiste. Plastikspielzeug gab es vor 2000 Jahren noch nicht. Damals suchten sich die Kinder Materialien in der Natur. Und erfanden zum Beispiel das Nüsse-Spiel. Dafür brauchst du Walnüsse und ein Brett, das du als schiefe Ebene benutzt. Über dieses Brett kullern nun die Nüsse. Es geht darum, möglichst viele der unten ankommenden Nüsse zu treffen. Und das geht so: Der erste Spieler lässt eine Nuss runterkullern. Der zweite auch eine. Berührt diese zweite Nuss die erste, bekommt der zweite Spieler beide Nüsse. Am Ende gewinnt das Kind, das am meisten Nüsse getroffen hat.

Und es gibt noch eine nussige Spielidee aus der Römerzeit: Versuch einmal, aus Walnüssen eine Pyramide zu bauen. Mal sehen, wie hoch sie wird. Dann kannst du probieren, sie zum Einsturz zu bringen, indem du aus einiger Entfernung mit einer Nuss darauf zielst.

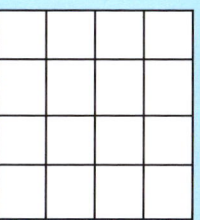

Neben Nüssen waren Steinchen hoch im Kurs bei den römischen Kindern. Damit kannst du dir ein eigenes Knobelspiel selbst machen. Dafür suchst du erst einmal zwölf kleine Steine. Die eine Hälfte muss heller sein, die andere dunkler, weil es zwei Mitspieler gibt. In den Sand oder in die Erde „malst" du mit einem Holzstock das Spielfeld: Das sind fünf Linien, die du von außen mit Strichen einfasst. Im Spielfeld ziehst du drei Linien von oben nach unten. So entsteht ein Kästchenfeld. Nun werden die Steine abwechselnd in die Kästchen gelegt. Ziel ist es, vier Steine in einer Reihe zu bekommen. Waagerecht, senkrecht oder diagonal.

9

WO TREFFEN SICH KUNST UND NATUR?

Kunst wird in Museen ausgestellt. Üblicherweise. Auf der Museum Insel Hombroich ist das anders. Hier kannst du Kunst inmitten der Natur entdecken. Nahe der Stadt Neuss wurde ein verwilderter Park und angrenzendes Ackerland zu einem ganz besonderen Ausstellungsort umgestaltet.

Museumsräume mitten in der Natur. Skulpturen neben Bäumen. Verteilt in einer Park- und Auenlandschaft, die vom Flüsschen Erft begrenzt ist. Ein einfacher Wegeplan hilft dir beim Erkunden der Museum Insel Hombroich. Die Wege sind nicht ausgeschildert. Das macht die schöne Auenlandschaft noch natürlicher. Vielleicht musst du überlegen, wo es langgeht, weil das Gelände ein wenig wie ein Labyrinth wirkt. Auch an den Kunstwerken gibt es keine Schilder. Keine Titel, keine Jahreszahlen, keine Namen. Anders als es sonst in Ausstellungen üblich ist. Die Museumsmacher wollten die Kunst für sich wirken lassen.

Die Gebäude sind begehbare Skulpturen

Zehn hohe, schlichte Backsteingebäude sind für die Kunst auf dem Gelände verteilt. Manche liegen versteckt hinter hohen Hecken. Mit dem Plan kannst du den Turm, das Labyrinth, die Schnecke und die anderen Ausstellungspavillons gut finden. Auf Schotterwegen geht es entlang an blühenden Wiesen, verwunschenen Baumreihen und zahlreichen Wasserstellen. Du wirst Enten und Gänse entdecken und

Info

MUSEUM INSEL HOMBROICH
Minkel 2
41472 Neuss

Tel. (0 21 82) 8 87 40 00
www.inselhombroich.de

vielleicht sogar einen Reiher. Und immer wieder triffst du auf Kunst. Skulpturen sind in der Landschaft verteilt, Ausstellungsräume stehen inmitten hoher Bäume. Und plötzlich stehst du auf einer Lichtung mit einem verglasten Flachbau. Dort gibt es ein kleines Buffet mit Brot und Butter, Pellkartoffeln und Quark. Die Stärkung ist im Museumseintritt inbegriffen. Und schmeckt besonders gut bei Sonnenschein auf den Klappstühlen im Freien.

Kunst-
entdecker
inmitten
der Natur
!

10

Neanderthal Museum, oder:

WAS MUSSTEN KINDER IN DER STEINZEIT LERNEN?

Steinzeitkinder gingen zwar nicht in die Schule, aber sie lernten fürs Leben. Und sie mussten früh mithelfen. Vor allem die Nahrungsbeschaffung war schwierig. Sowieso war das Leben ganz anders als heute. Wie man in der Steinzeit lebte, zeigt dir das Neanderthal Museum.

Kinder in der frühen Steinzeit mussten oft umziehen. Denn damals waren die Menschen Jäger und Sammler. Das heißt, sie kamen durch Jagen an Fleisch. Und sie sammelten Essbares in den Wäldern – Beeren, Pilze, Früchte. So gingen sie immer dahin, wo sich was zu essen fand. An der Nahrungsbeschaffung mussten sich auch schon die Kinder beteiligen. Jede Hilfe war willkommen. Auf die große Jagd nach Büffeln und Bären kamen die Kinder zwar noch nicht mit, aber sie fingen schon Fische im Bach.

Im Laufe der Steinzeit wurden die Menschen dann sesshaft. Ackerbau und Viehzucht veränderten ihre Lebensweise. Jetzt hüteten die Kinder Ziegen und halfen in der Landwirtschaft. Sie holten Wasser, sammelten Brennholz und beteiligten sich an der Getreideernte. Diese viele Bewegung und Arbeit führten dazu, dass Kinder muskulöser waren als heute, dass aber auch ihre Knochen besonders stark beansprucht waren. Man spricht von Verschleiß. Forscher haben das anhand der Knochen entdeckt. Starke Muskeln, müde Knochen schon in jungen Jahren. Das Leben in der Steinzeit war viel mühseliger als heute. Aber die Menschen hatten auch schon große Fortschritte gemacht: Sie hatten Werkzeuge aus Stein. Und sie wussten, wie man ein Feuer entzündet!

Werkzeuge aus Stein

In Workshops, wie sie das Neanderthal Museum organisiert, lernst du die Werkzeuge und das Feuermachen genauer kennen. Etwas abseits des eigentlichen Museumsbaus wurde eine Steinzeitwerkstatt eingerichtet. Ein Messer aus Stein war damals ein wichtiger Alltagshelfer. Mit einem scharfkantigen Stein und einem weichen Holzblock kannst du es ohne viel Zubehör leicht selber herstellen. Du brauchst nur etwas Geduld und ein wenig Kraft, um eine Kerbe ins Holz zu ritzen. Da hinein wird der spitze Stein gesteckt und mit flüssigem Wachs befestigt. Das Wachs ist nicht ganz stilecht. In der Steinzeit verwendete man klebrige, gekochte Birkenrinde. Das wäre für die kleinen Steinzeitnachkommen von heute aber etwas aufwendig.

Museumsrundgang durch die Zeit

Im Neanderthal Museum erlebst du eine Zeitreise zu den Anfängen der Menschheit. Vieles aus dieser Zeit hat immer

noch mit dem heutigen Leben zu tun. Die Evolution des Menschen, also seine Entwicklung, wird anschaulich dargestellt.

Das Museum steht übrigens in der Nähe der Stelle, an der Bauarbeiter vor über 160 Jahren in einer Höhle menschliche Knochen gefunden hatten. Diese Überreste sollten das Neandertal bei Mettmann weltberühmt machen: Die Menschen, die dort gelebt hatten, nannte man nach dem Tal Neandertaler.

Die Gegend rund um die Fundstelle, die heute in einem Park liegt und besichtigt werden kann, hat noch anderes zu bieten. In einem eiszeitlichen Wildgehege leben Tierarten, die in der Steinzeit zur Jagdbeute zählten. Auf dem Rundweg kommst du an Wildpferden, Wisenten und Auerochsen vorbei. Und ein großer Spielplatz wartet auf dich.

Ob die Steinzeit-Kinder neben der Arbeit noch Zeit zum Spielen hatten? Wahrscheinlich schon. Spielen gehört ja zur Kindheit einfach dazu. Bei Ausgrabungen fand man kleine Figuren aus Ton und einfache Instrumente, die an Rasseln erinnern. Dazu Miniausgaben von Werkzeugen und Waffen. Sehr wahrscheinlich spielten die Steinzeit-Kinder vor allem mit Naturmaterialien wie Steinen, Hölzern, Sand und Wasser.

In der Steinzeit waren die Werkzeuge aus Stein

Info

NEANDERTHAL MUSEUM
Talstraße 300
40822 Mettmann

Tel. (0 21 04) 9 79 70
www.neanderthal.de

Die Entdeckung des Feuers war sehr wichtig für die Entwicklung der Menschheit. Denn mit der Wärme des Feuers war es einfacher, bei kalten Temperaturen zu überleben. Zudem konnte man über einer Feuerstelle das Fleisch der erlegten Tiere braten. Und im Feuer entstanden Keramikgefäße aus Ton. Außerdem bot das Feuer Schutz vor wilden Tieren.

Allerdings besaßen die Steinzeit-Menschen weder Streichhölzer noch Feuerzeuge. Dafür hatten sie einen Feuerstein! Wenn du einmal Feuer machen möchtest wie deine Vorfahren, brauchst du so einen Feuerstein und einen Markasit. Außerdem Zunder, also leicht brennbares Material wie trockene Gräser oder Holzspäne. In der Steinzeit nutzte man hierfür den Zunderpilz, einen trockenen Baumpilz. Oder man verwendete trockene Pflanzensamen.

Den Feuerstein und den Markasit bekommst du im Mineralienhandel, wo man Steine kaufen kann. Der Markasit ist ein eisenhaltiger Stein, aus dem sich beim harten Anschlagen glühende Partikel lösen können. Deshalb sagt man auch, die Menschen in der Steinzeit hätten Feuer „geschlagen". Wenn du mit dem Feuerstein auf den Markasit schlägst, sprüht der Markasit Funken. Die Funken entzünden das Zundermaterial, und wenn dieses einmal brennt, lässt sich das Feuer mit Stroh und Holz vergrößern. Beim Feuerschlagen sollte dir aber auf jeden Fall ein Erwachsener helfen! Du kannst das Feuermachen auch in der Steinzeitwerkstatt des Neanderthal Museums lernen.

EXPERIMENT

11

Planetarium Stellarium und Observatorium, oder: WARUM LEUCHTEN STERNE?

Was ist ein Schwarzes Loch? Warum sieht man den Mond tagsüber nicht? Wie schnell dreht sich die Erde? Das sind Fragen, die dir ein Besuch im Planetarium Stellarium Erkrath beantworten kann. Vielleicht nimmst du auch neue Fragen mit. Zum Beispiel: Wie werde ich Weltraumforscherin? Oder Astronaut?

Das Thema Weltraum ist faszinierend. Und unendlich vielfältig, wie der Weltraum auch. Einen kleinen Eindruck bekommst du davon, wenn du im Vortragssaal unter der runden, hohen Decke sitzt. Den Kopf musst du etwas nach hinten legen. Das Licht geht aus, und der „Sternenhimmel" geht an. Die Computer im Planetarium berechnen immer aktuell, wie der Himmel an diesem Tag in echt aussieht. Diese Bilder werden dann in die hohe Kuppel des Gebäudes projiziert. Dazu erzählen die Mitarbeiterinnen und Mitarbeiter des Planetariums Spannendes zu den Sternenbildern, der Milchstraße, dem Mond, der Sonne und unserer Erde. Außerdem gibt es Filmvorführungen im Planetarium. Die Filme siehst du nicht auf einer platten Leinwand wie im Kino, sondern auch in der Kuppel. Dann erfährst du noch mehr über Raumfahrt, Planeten und Sterne.

Observare heißt beobachten

Ein zweiter Standort der Erkrather Weltraumkundler ist das Observatorium. Das ist die eigentliche Sternwarte. Mit einem

Info

PLANETARIUM STELLARIUM ERKRATH
Sedentaler Straße 105   Tel. (0 21 04) 94 76 66
40699 Erkrath-Hochdahl

riesigen Fernrohr kannst du in den Himmel blicken. Der Besuch lohnt sich aber nur bei gutem Wetter. Denn wenn der Himmel klar ist, kannst du nach Einbruch der Dunkelheit Sterne und Planeten live beobachten. Und wenn du Glück hast, entdeckst du die Krater auf dem Mond oder den Ring um den Saturn. Und du merkst schnell, dass Sterne keine Zacken haben, auch wenn wir sie oft so malen. Sterne kannst du dir wie riesige Feuerbälle vorstellen. Sie bestehen hauptsächlich aus Gas und sind unvorstellbar heiß. Ganz langsam verbrennen sie das Gas. Dadurch leuchten sie. Auch unsere Sonne ist so ein Stern.

Stella ist Latein und bedeutet Stern !

OBSERVATORIUM
Sternwartenweg
40699 Erkrath-Hochdahl

Tel. (0 21 04) 4 22 48
www.planetarium-erkrath.de

12

Rheinturm, oder:
WARUM BRAUCHT EIN TURM SO VIELE GROSSE ANTENNEN?

Er ist das höchste Gebäude der Stadt, und von seiner gläsernen Aussichtsetage hast du einen überwältigenden Blick auf Düsseldorf und Umgebung. Gleichzeitig ist der Rheinturm wichtig für die Nachrichtenübermittlung.

Bevor du reingehst, riskiere unbedingt einen Blick nach oben. Dir wird vielleicht etwas schwummrig, wenn sich das 240,5 Meter hohe Bauwerk so nah vor dir in die Höhe reckt. Immerhin ist der Rheinturm so groß wie etwa 50 Giraffen übereinander.

Dem Himmel nah

Vier Meter pro Sekunde geht es hoch. So schnell saust der Aufzug nach oben. Wie in einem schicken Hotel gibt es im Rheinturm einen Aufzugführer. Er schaut, dass sich nicht zu viele Besucher gleichzeitig in die Kabine drängen. Mit einem Schlüssel setzt er den Aufzug in Gang. In nur 42 Sekunden geht es nach oben zur Aussichtsplattform. Wenn man dann aussteigt, sind die Knie vielleicht noch etwas wacklig und weich. Aber das ist jetzt ganz schnell vergessen: Der Blick geht in die Ferne, du bist dem Himmel nah, und Düsseldorf sieht aus dieser Perspektive von oben erst mal ungewohnt anders aus. Die schrägen Scheiben reichen bis zum Boden. Das Glas ist 4,7 cm dick. Das ist in etwa so viel wie dein zusammengeklapptes Pausenbrot. Wer sich traut, ganz nah ranzugehen, hat schnell das Gefühl zu fallen. Mehrmals im Jahr werden diese Scheiben gereinigt. Von einer Spezialfirma, deren Mitarbeiter extra dafür geschult

Bei Sonnenuntergang besonders schön !

sind. Sie fahren von außen in einer Art Korb, der am Turm befestigt ist, rundherum. Und sorgen so für gute Sicht.

Von hier oben kannst du Autos in Spielzeuggröße zählen oder dein eigenes Stadtviertel suchen. Vielleicht wunderst du dich über die Wollknäule auf der Rheinwiese. Schau genauer hin, dann erkennst du die Schafherde. Und du entdeckst bekannte Düsseldorfer Gebäude wie die Tonhalle und das Schauspielhaus. Beim Rundgang helfen die Schriftzüge auf den Scheiben.

Treppenlaufen verboten

Treppenlaufen ist nicht möglich im Rheinturm, denn das Treppenhaus ist nur für Notfälle da. 1080 Stufen führen bis in die Turmspitze. Das ist die längste Treppe in Nordrhein-Westfalen. Sie versteckt sich im Inneren des Turms. Der Haustechniker darf sie nutzen, und auch die Antennen-Techniker brauchen die Treppe, wenn sie die außen am Turm befestigten Antennen kontrollieren. Denn das ist die ursprüngliche Aufgabe des im Sommer 1981 fertig gestellten Rheinturms: Er ist ein Funkturm und Träger von Antennen.

Mit insgesamt 70 Antennen ist er bestückt. Sie sorgen dafür, dass wir Fernsehen gucken können, Radio hören und mit dem Handy telefonieren. Wie schüsselartige Gewächse schlängeln sie sich rund um die Turmspitze. Die größten haben einen Durchmesser von knapp vier Metern – das ist in etwa so lang wie zwei Betten hintereinander. Diese „Gewächse" sind die Richtfunkantennen. Sie übertragen Nachrichten und können sowohl senden als auch empfangen. Wichtig sind sie vor allem für Handynutzer.

Außerdem gibt es noch Rundfunkantennen. Diese senden den Fernseh- und Radioprogramme in alle Richtungen. Empfangsantennen heißen die Antennen bei dir zu Hause am Fernseher, Radio oder an mobilen Geräten wie Smartphones.

2004 wuchs der Rheinturm auf stolze 240,5 Meter Gesamthöhe bis in die letzte Antennenspitze. Denn damals kam auf das Gebäude eine neue Antenne zur Ausstrahlung von digitalem Fernsehen. Dahinter steckt eine Übertragungstechnik, die dafür sorgt, dass das Fernsehbild daheim noch schärfer ist. Bis zu diesen Antennen gelangen aber nur die Techniker. Für dich und deine Familie gibt es die Aussichtsplattform auf 168 Meter Höhe.

RHEINTURM
Stromstraße 20
40212 Düsseldorf

Tel. (02 11) 8 63 20 00
www.guennewig.de/rheinturm-duesseldorf

Warum wird dir schwindelig, wenn du von weit oben nach unten guckst? Das hat mit den Augen, dem Gleichgewichtsorgan und der Entfernung zu einem festen Objekt zu tun. Ist für die Augen der nächste feste Bezugspunkt plötzlich viel weiter weg als gewohnt, hat der Körper das Gefühl, nicht mehr sicher zu stehen. Eigentlich möchten sich die Augen an etwas „festhalten", was stabil steht. Wenn es vor dir aber weit nach unten geht oder du in ein weit entferntes Tal blickst, findet das Auge keinen Punkt, auf den es sich scharf einstellen kann. Dein Gleichgewichtsorgan läuft auf Hochtouren! Der Kopf schwankt leicht hin und her, weil die Augen einen festen Punkt suchen, an dem sie sich orientieren können. Doch das gelingt nicht so richtig. Deine Beine dagegen signalisieren weiterhin einen festen Stand. Das verwirrt unser Gehirn: Uns wird schwindelig. Man nennt das Ganze Höhenschwindel. Oft ist er mit einem Soggefühl nach unten verbunden oder auch mit der Angst hinunterzufallen. Höhenschwindel ist eine ganz normale Reaktion des Körpers. Er will dich warnen vor Gefahr. Du wirst automatisch vorsichtiger. Man kann sich an das Gefühl gewöhnen, trotzdem will nicht jeder Dachdecker werden oder Fensterreiniger am Rheinturm. Oder?

Schwindel entsteht nicht nur durch Höhe, sondern auch, wenn du dich schnell um dich selbst drehst. Frage deine Mama oder deinen Papa, ob sie sich auf einen Drehstuhl setzen und schubse sie dann an. Oder ihr benutzt eine Schaukel, die du mehrmals eindrehst. Nach ungefähr 30 Umdrehungen hältst du Papa an und schaust ihm in die Augen. Seine Augen bewegen sich jetzt ganz schnell hin und her. Sie versuchen, mit der Bewegung Schritt zu halten.

EXPERIMENT

13

KLINGT MUSIK UNTER EINEM STERNENHIMMEL ANDERS?

Eine Halle mit Tönen, eine Halle mit ganz viel Musik ist die Tonhalle. Ursprünglich war das Gebäude ein Planetarium. Damals sogar das größte der Welt. Die Sterne und der Weltraum wurden von hier durch riesige Fernrohre erkundet. Heute erkundest du hier die Musik.

Früher hatte Düsseldorf ein schönes Konzerthaus in der Innenstadt. Das wurde im Zweiten Weltkrieg zerstört und so suchte sich die Musik ein neues Zuhause – und zog ein ins Planetarium. Wenn du hier zu einem Konzert kommst, musst du unbedingt nach oben schauen. Die Konzerte finden nämlich unter einem Sternenhimmel statt. Keinem echten Sternenhimmel, aber einem aus kleinen Leuchtdioden. Die funkelnden Lichter wurden bei der Renovierung 2005 im Kuppeldach untergebracht. Sie erinnern an früher, als das Gebäude noch ein Planetarium war. Und sie sehen einfach wunderschön aus. Die Verbindung zum Weltraum findest du auch in den Namen für die Konzertreihen wieder. Für Kinder ist das Programm rund um Sterntaler, Sternschnuppe und Junior-Sternzeichen gedacht. Das sind aufs jeweilige Alter abgestimmte Konzerte mit einigen Erklärungen, die dir die Musik näherbringen.

Kleine Tonhalle

Dreimal im Jahr bündeln die Programmmacher das Kinderangebot. Dann ist Familienwoche mit Konzerten für Kinder

Info

TONHALLE
Ehrenhof 1
40479 Düsseldorf

Tel. (02 11) 8 99 61 23
www.tonhalle.de

von null bis zehn Jahren. Schwangere lauschen bei den Ultraschall-Konzerten sanften Harfenklängen. Musik kommt nämlich auch bei den Babys im Bauch an. Sie können nicht nur den Herzschlag der Mutter hören, sondern auch Geräusche von außen — und Musik. In der Familienwoche spielen auch die Düsseldorfer Symphoniker. So heißt das große Hausorchester mit über 100 Musikerinnen und Musikern. Denk beim Konzertbesuch dran: Vergiss den Blick in die Kuppel nicht, damit du die Sterne funkeln siehst. Vielleicht klingt die Musik deshalb noch ein wenig schöner.

Einmal im Jahr ist Familienmusikfest

Im Mai steigt jedes Jahr das große Familienmusikfest. Neben Konzerten, Singaktionen und einer Musik-Rallye kannst du auf dem großen Vorplatz ganz viel selber ausprobieren. Zum Beispiel ein Musikinstrument basteln oder bei einem Klänge-Parcours mitmachen. Da merkst du, wie unterschiedlich Auspuffrohr, Kuhglocke und Benzinkanister klingen.

Sternenhimmel im Halbrund !

14

Hafen, oder:

WO SCHLAGEN HÄUSERWÄNDE WELLEN?

?

Früher war hier der Umschlagplatz für Waren, die auf Schiffen angeliefert wurden. Im Düsseldorfer Rheinhafen landeten Schiffe aus fernen Ländern. Sie brachten Salz, Kohle, Wein, Fisch und vieles mehr. In großen Lagerhallen wurden die Waren gelagert und von dort in die Umgebung verteilt. Heute kannst du den Hafen mit einer Rallye neu entdecken.

In den 70er-Jahren begann man, den einstigen Handelshafen umzumodeln. Die Fabriken und großen Gebäude wurden abgerissen oder total umgebaut. Ein Hafenbecken wurde sogar zugeschüttet. Wenn du heute in den Hafen kommst, erwartet dich eine Mischung aus Cafés, Geschäften, Büros und Hotels. Spannend ist es zu sehen, wo alles untergebracht ist. Da sind zum Beispiel die ungewöhnlich aussehenden Gehry-Bauten, benannt nach ihrem Erbauer Frank O. Gehry. Sie sollen das am meisten fotografierte Motiv Düsseldorfs sein. Der kanadische Architekt entwirft Häuser, die ungewöhnlich aussehen. Das ist auch bei den drei Bürogebäuden am Hafen der Fall. Mit seiner metallischen Fassade wirkt eines der drei, als sei es in Alufolie gewickelt. Ein anderes ist aus rotem Backstein, das dritte weiß. Die Gebäude haben unterschiedlich hohe Türme, hervorstehende Fensterrahmen und schiefe Hauswände. Zudem sind die Hauswände mit Rundungen versehen. Irgendwie erinnern die an Wellenlinien. Wellenförmige Hauswände – passend zum großen Fluss in der Nähe. Vater Rhein.

Info

GEHRY-BAUTEN
Der neue Zollhof
Neuer Zollhof 1–3

40221 Düsseldorf
www.medienhafen.de

Moderne Firmen und Hotels

Der Hafen wird seit einigen Jahren MedienHafen genannt. Der Westdeutsche Rundfunk (WDR) machte den Anfang. Produktionsfirmen, Werbeagenturen, TV-Sender und Internetfirmen folgten. Viele von ihnen sind in interessanten Gebäuden untergebracht. Achte einmal auf die Bauweise und die Fassaden. An einer wirst du bunte Kletterfiguren entdecken. In der Touristeninformation bekommst du eine kostenlose Stadt-Rallye-Broschüre. Mit ihrer Route lässt sich der MedienHafen gut entdecken und du kannst sogar an einem Gewinnspiel teilnehmen.

Kinder Hafen-Rallye unter www. duesseldorf-tourismus.de

15 Flughafen Düsseldorf, oder: WARUM **HAST DU** BEIM **FLIEGEN D**RUCK **IM OHR?**

Beobachten kannst du die Flugriesen von der Aussichtsplattform am Düsseldorfer Flughafen. So nah wie hier oben kommst du den startenden Flugzeugen selten. Es ist etwas zugig, im Sommer sogar recht heiß, aber die Aussicht ist super.

Etwa 600 Flugzeuge starten und landen pro Tag am Düsseldorfer Airport. Da gibt es einiges zu beobachten am drittgrößten Flughafen Deutschlands. Den größten Flughafen hat übrigens Frankfurt am Main, und der zweitgrößte Flughafen liegt in München. In Düsseldorf gibt es immerhin mehr als 23 Millionen Menschen, die sich jährlich mit dem Flugzeug fortbewegen. Vielleicht warst du ja auch schon mal dabei, als du von Düsseldorf aus in den Urlaub gestartet bist?

Kaugummi kauen hilft

Bist du schon mal geflogen? Und kannst du dich an das etwas komische Gefühl in den Ohren erinnern, als das Flugzeug abhob? Das nennt man Druck im Ohr. Der entsteht, wenn sich der Luftdruck in der Umgebung verändert. Zum Beispiel, wenn sich ein Flugzeug in die Luft erhebt. Irgendwie knackt es im Ohr. Ein wenig fühlt es sich an, als seist du unter Wasser. Du hast dann das Gefühl, schlechter zu hören. Vielleicht kriegst du sogar Ohrenschmerzen. All dies kommt daher: Beim Starten, also im Steigflug, verändert sich der Luftdruck in der Flugzeugkabine. Denn der Luftdruck ist draußen in der Atmosphäre, durch die das Flugzeug fliegt, in der Höhe deutlich niedriger als auf der Erde. Außerhalb des Flugzeugs könntest du hier oben gar nicht atmen. Innerhalb des Flugzeugs wird der Luftdruck künstlich erhöht, aber nicht so hoch wie am Boden. Deswegen bildet sich im

Die Geschichte des Flughafens begann 1927

Inneren deines Ohrs, zwischen Gehörgang und Mittelohr, ein Druckunterschied. Der Druck im Mittelohr ist nämlich noch so wie auf der Erde. Aber außerhalb des Ohrs, in der Flugzeugumgebung, ist er so niedrig wie auf einem 2500 Meter hohen Berg. Dadurch verwölbt sich das Trommelfell leicht. Und es drückt. Dagegen hilft gähnen, Kaugummi kauen oder Bonbon lutschen.

Auf der Besucherterrasse hast du damit natürlich nichts zu tun, vielleicht aber bei deiner nächsten Flugreise. Dann kannst du den Besuchern auf der Aussichtsplattform zuwinken.

Familiensonntag am Flughafen

An jedem ersten Sonntag im Monat ist der Eintritt zur Besucherterrasse kostenlos. An den Airlebnis-Tagen. Dann ist es aber auch meist voller auf dem Flughafen und damit auch der Aussichtsplattform. Du solltest daher etwas Wartezeit einplanen. Die Airlebnisse sind aufwendige Großveranstaltungen am Flughafen. Ihr Name spielt mit dem englischen Begriff für Flughafen *Airport* – Erlebnisse am Airport. Dann verwandelt sich die Abflughalle in eine Erlebniswelt. Mal geht es um Mode, mal um Sport, mal um einen Kontinent. Und viermal im Jahr ist das Programm speziell auf Familien ausgerichtet. Auch diese Sonntage stehen unter einem Motto – ob Indianer oder Arktis, du lernst dann nicht nur den Flughafen besser kennen. Bei Rundfahrten über das Flughafengelände kommst du den Flugzeugriesen nahe. In der Abflughalle wartet eine bunte Mischung aus Bastelaktionen, Hüpfburg und Infoständen. Das ist ein guter Tipp für Schlechtwetter-Sonntage!

Zum Abschluss deines Flughafen-Besuchs solltest du noch mit dem Sky Train fahren. Himmelsbahn heißt das übersetzt, und wenn du mit ihr fährst, merkst du auch, warum: Die Schwebebahn bewegt sich zehn Meter über dem Boden – dem Himmel nah. Durch die großen Fenster hast du einen tollen Blick auf das Flughafen-Gelände.

Info

FLUGHAFEN DÜSSELDORF
Flughafenstraße 120

40474 Düsseldorf
www.dus.com

Über den Wolken, das ist beim Fliegen ein tolles Gefühl. Beim Starten siehst du erst noch, wie die Erde immer kleiner wird, dann bricht das Flugzeug durch die Wolkendecke. Plötzlich scheint die Sonne, und der endlose blaue Himmel tut sich auf.

Weißt du, wie so eine Wolke entsteht? Und dass Wolken eigentlich nur aus Wasser bestehen? Es sind allerkleinste, unzählige Wassertropfen, die eine Wolke formen. Dabei handelt es sich um Wasserdampf, der von der Erde aufsteigt und weit oben kondensiert. Das heißt, der Dampf wird wieder flüssig. Wenn es anfängt zu regnen, haben sich in der Wolke viele Tröpfchen zusammengetan und einen größeren Regentropfen gebildet. Der fällt dann auf die Erde. Natürlich nicht allein, sondern mit ganz vielen anderen Regentropfen.

Wolken kannst du dir zusammen mit deinen Eltern selber machen. Fülle eine Kunststoffflasche einen Fingerbreit mit Wasser. Verschließe sie und schüttle das Wasser darin. Jetzt brauchst du einen erwachsenen Assistenten. Du öffnest die Flasche, und dein Assistent entzündet ein Streichholz, bläst es aus und wirft es direkt in die Flasche. So gelangt Rauch in die Flasche. Jetzt die Flasche schließen und sie von außen mehrmals kräftig drücken. In der Flasche wird es weiß – es bilden sich Nebelwolken. Das kommt daher, weil die Luft in der Flasche durch das Wasserschütteln feucht wurde. Durch das Streichholz kommen winzige Rauchpartikel dazu. Drückst du die Flasche, wird die Luft darin etwas wärmer. Lässt du die Flasche los, kühlt die Luft etwas ab. Dieser Unterschied führt dazu, dass die mit Wasserdampf gesättigte Luft an den Rauchteilchen zu Tröpfchen kondensiert: Eine Wolke entsteht!

EXPERIMENT

16

WIESO SPIELT DAS ORCHESTER IN EINEM GRABEN?

Es geht durch schmale Gänge und über steile Treppen. Das Ziel: ein riesiger unterirdischer Raum. Hinter der Betonwand rauscht die U-Bahn vorbei. Hier befindet sich der Kostümfundus der Deutschen Oper am Rhein. Bei einer Besichtigung kannst du in ausgefallene Tierkostüme und glitzernde Prinzessinnen-Roben schlüpfen.

Römerhelme und Ballkleider, Vogel- und Froschkostüme, Wikinger-Outfits und glänzende Königinnen-Kleider – alles selbst geschneidert, alles für Opernaufführungen angefertigt. Was meinst du, wie viele Kleidungsstücke du im Kleiderschrank hast? 30, 50, 100? Jedenfalls viel, viel weniger als im Kostümfundus hängen. Hier warten nämlich 40.000 Kleidungsstücke auf ihren Einsatz. Bei einer Familienführung durch das Düsseldorfer Opernhaus bekommst du diesen sonst nicht öffentlich zugänglichen Kostümschatz gezeigt. In ein paar Modelle darfst du sogar reinschlüpfen! Außerdem kannst du einen Blick hinter die Bühne werfen, zuschauen, wie ein Bühnenbild umgebaut wird und an der Maske vorbeigehen. Dort werden die Sängerinnen und Sänger vor ihrem Auftritt geschminkt. Sie verwandeln sich in ihre Opernrolle.

Oper für Kinder

Die Deutsche Oper am Rhein bietet nicht nur Führungen für Kinder, sondern auch Kinder-Opern. Bilderbuch-Klassiker wie *Wo die wilden Kerle wohnen* von Maurice Sendak oder *Ronja Räubertochter* von Astrid Lindgren werden als Oper aufgeführt. Mit Gesang, tollen Kostümen und aufwendigem

Bühnenbild. Wie bei den Opern für Erwachsene. Aber die Geschichte und die Inszenierung, also die künstlerische Umsetzung für die Bühne, sind auf jüngeres Publikum abgestimmt. Da in der Oper alles gesungen wird, hilft es, wenn du die Geschichte vorher schon kennst. Am besten kommst du eine halbe Stunde früher zu den Aufführungen. Dann gibt es eine verständliche Einführung und Erklärungen. Das hilft dir später auch, wenn du mal nicht alles verstehst von den gesungenen Texten. Die Textzeilen werden zwar oben über der Bühne eingeblendet, aber dafür musst du schnell lesen können.

Die Handlung verstehst du trotzdem! Dafür sorgen das Spiel der Sängerinnen und Sänger, das sich verändernde Bühnenbild, die fantasievollen Kostüme und natürlich die Musik. Sie untermalt die Handlung und drückt Gefühle

Eine Oper ist ein Theaterstück mit Musik und Gesang

57

aus: Gefahr klingt anders als Freude. Wut anders als Neugier. Lass dich überraschen, was das Orchester an musikalischer Begleitung aus seinem Graben beisteuert. Du siehst es nämlich nicht, du hörst es nur. Denn in der Oper sitzen die Musiker im sogenannten Orchestergraben. Das ist ein breiter, tiefer gelegter Raum vor der Bühne. Das Orchester spielt von hier unten, damit die Zuschauer einen besseren Blick haben auf das Bühnengeschehen und die Musiker ihnen nicht die Sicht versperren.

KiKa-Moderator erklärt die Opernwelt

Wie wird ein Bühnenbild aufgebaut? Warum tragen alle Techniker Schwarz? Was macht ein Operndirektor? Das sind Fragen, die eine besondere Veranstaltungsreihe der Deutschen Oper am Rhein aufgreift. Für den Opernbaukasten kommt der KiKa-Moderator Malte Arkona und erklärt anschaulich die Welt der Oper mit ihren verschiedenen Berufsgruppen. Außerdem spielt er selbst auf der Bühne mit, natürlich begleitet vom Orchester.

Eine Besonderheit der Deutschen Oper am Rhein ist, dass sie zwei Opernhäuser bespielt. Eines steht in Düsseldorf, das andere in Duisburg. Es gibt ein gemeinsames Sänger-Ensemble und ein gemeinsames Ballett-Ensemble. Fast 600 Menschen, die auf und hinter der Bühne wirken, arbeiten für die beiden Opernhäuser – in 50 verschiedenen Berufen. Dazu kommen noch die beiden Orchester. Die aufgeführten Stücke wandern hin und her. Dazu gehört, das Bühnenbild per Lkw in die jeweils andere Stadt zu bringen. Solch eine enge Zusammenarbeit, die Kosten spart und für künstlerischen Austausch sorgt, nennt man Opernehe.

DEUTSCHE OPER AM RHEIN
OPERNHAUS DÜSSELDORF
Heinrich-Heine-Allee 16 a
40213 Düsseldorf

Tel: (02 11) 8 92 52 11
(Karten & Infos)
www.operamrhein.de

Töne kannst du fühlen! Ganz deutlich wird das, wenn du eine Klangschale auf die Hand legst und anschlägst. Dann vibrieren die Schale und deine Hand – und du hörst einen Klang. Dasselbe passiert, wenn du dich ganz nah an einen Gong stellst. Beides hast du jetzt nicht unbedingt zu Hause, aber bestimmt einen Luftballon. Puste ihn auf und verschließe ihn. Dann machst du Musik an, ruhig ein wenig lauter, und hältst den Ballon vor den CD-Spieler oder das Radio. Merkst du, wie der Ballon anfängt zu zittern? Die Luft im Inneren kommt in Schwingung durch die Schallwellen der Musik. Diese Schallwellen transportieren die Klänge. Und sie können Luft bewegen. Du kannst den Ballon auch selber ansummen oder ansingen. Dafür halte ihn locker mit den Fingern dicht vor deinen Mund. Jetzt summ mit geschlossenen Lippen und spüre, was der Ballon macht. Oder du singst. Auch dann wird er sich leicht bewegen.

Bei bestimmten Musikinstrumenten kannst du die Auswirkungen des Schalls schnell erkennen. Zum Beispiel vibrieren das Leder einer Trommel, die Klangstäbe eines Xylophons oder die Saiten einer Gitarre. Du kannst Töne also nicht nur hören, sondern auch fühlen und sehen! Verdeutlichen lässt sich das mit folgendem Versuch: Schneide unten in die Seite eines Plastikbechers ein Loch. Spann dann Klarsichtfolie über den Becher. Du kannst sie mit einem Gummiband festmachen. Roll dir aus Papier eine Rolle, die du in das Loch steckst. Jetzt brauchst du noch einen Esslöffel voll Grießkörner. Diese verteilst du auf der Folie. Durch das Papierrohr tönst du ein langes „Oh" oder ein „Iiiih". Die Körner beginnen zu tanzen!

EXPERIMENT

17 Kö-Bogen, oder: WO WACHSEN BÄUME AN DER HAUSWAND?

Wie aus großen Baugruben nach und nach beeindruckende Gebäude werden, kannst du in der Düsseldorfer Innenstadt an einigen Stellen erleben. Der Kö-Bogen ist ein solches Bauprojekt, in dem viele Ideen, Arbeit und Geld stecken. Und das Düsseldorf schöner machen soll.

Wenn du mit offenen Augen durch die Düsseldorfer Innenstadt läufst, findest du garantiert eine große Baustelle. Das wird auch die nächsten Jahre noch so sein. Denn die Stadtplaner, also diejenigen, die sich Gedanken machen, wie eine Stadt schön und gleichzeitig praktisch für Fußgänger, Autofahrer und U-Bahn-Nutzer wird, haben sich ein Großprojekt vorgenommen: die Umgestaltung der Düsseldorfer Innenstadt. Dazu gehört der Bau einer neuen U-Bahn-Linie, der Abriss einer Hochstraße, der Umbau einer wichtigen Einkaufsstraße zur Fußgängerzone und der Kö-Bogen. Der Kö-Bogen 1 ist fertig, jetzt kümmern sich Bagger und Bauarbeiter um den Kö-Bogen 2 direkt daneben.

Ein Tor als Verbindung

Wie kommt es zu diesem komischen Namen? Kö ist die Abkürzung für Königsallee, Düsseldorfs wichtigste Einkaufsstraße in der City. Dort, wo sie aufhört, wollten es die Stadtplaner noch schöner gestalten. Sie schrieben Wettbewerbe aus und begutachteten Gebäude-Modelle. Ein Architekt aus Amerika, Daniel Libeskind, gewann mit seiner Idee, die Königsallee mit dem Hofgarten zu verbinden. Dieser große Park liegt direkt neben der Innenstadt, war aber durch

Info

KÖ-BOGEN DÜSSELDORF
Königsallee 2
40212 Düsseldorf

einen Platz und Straßen von ihr abgetrennt. Damit diese Verbindung deutlich wird, hat Daniel Libeskind ein großes Tor in der Mitte seines zweiteiligen Gebäudes eingelassen. Dadurch kannst du nun direkt auf den Hofgarten zugehen. Interessant am Kö-Bogen sind seine geschwungenen Fassaden. Und natürlich die an der Hauswand wachsenden Bäume. Der Architekt wollte mit ihrem Grün die Häuser verschönern und hatte hängende Gärten eingeplant. Und zu Füßen des Kö-Bogens zieht sich eine riesige Parkbank aus Holz entlang. Auf dieser Treppe mit viel zu großen Stufen kannst du eine gemütliche Pause einlegen vom Stadtrundgang und dir zum Beispiel ein Eis gönnen.

Geschwungene Hauswände und viel Glas !

Königsallee, oder:
WARUM WURDEN HIER PFERDEÄPFEL GEWORFEN?

Wie du vielleicht schon mal gehört hast, ist die Königsallee Düsseldorfs bekannteste Straße. Und die teuerste. Hier gibt es schicke Boutiquen mit Kleidern und Schmuck. Schau mal auf die Preisschilder im Schaufenster. Hast du gesehen, dass Uhren 30.000 Euro kosten können? So viel wie ein Auto.

Früher hieß die Königsallee ganz anders. Nämlich Kastanienallee. Weil der Wassergraben in ihrer Mitte von Kastanien gesäumt ist. Gebaut wurde sie vor über 200 Jahren. Damals war die französische Lebensart angesagt, und so wollte auch Düsseldorf einen Boulevard. So nennt man Straßen, die nach französischem Vorbild gebaut sind und an den damals bekanntesten Boulevard erinnern: die Pariser Champs-Élysées.

Düsseldorfs Boulevard

Zu ihrem königlichen Namen kam die schnurgerade Düsseldorfer Prachtstraße durch eine etwas peinlich-lustige Geschichte. 1848 besuchte Friedrich Wilhelm IV. von Preußen die Stadt. Zu dieser Zeit war die Stimmung in der Bevölkerung nicht gerade königsfreundlich. Viele Menschen hatten genug von den reichen Adeligen und der Königsfamilie, denen es so viel besser ging als der arbeitenden Bevölkerung. Aus Protest empfing eine aufgebrachte Menschenmenge den König mit Pfiffen und Buhrufen. Und mit Pferdeäpfeln. Einer traf den König mitten auf seiner schicken Uniform! Das fand er sehr empörend.

Info

KÖNIGSALLEE
40212 Düsseldorf

www.koenigsallee-duesseldorf.de

Ein neuer Name

Den Düsseldorfer Stadtoberen war der Vorfall peinlich, weshalb sie überlegten, wie sie den König wieder versöhnlich stimmen konnten. Da kam die Idee auf, die Kastanienallee in Königsallee umzubenennen. Eine kleine Delegation unter Leitung des Oberbürgermeisters zog nach Berlin, wo König Friedrich Wilhelm lebte, und überbrachte ihm die Nachricht. Der König freute sich über das Namensgeschenk und war den Düsseldorfern wieder wohl gesonnen. Könige gibt es in Deutschland schon lange nicht mehr, aber Düsseldorf hat immer noch seine Königsallee. Viele Düsseldorfer nennen sie abgekürzt ganz einfach nur Kö.

Seit 1994 steht die Kö unter Denkmalschutz

18

Kaiserpfalz, oder:
WANN HATTE DÜSSELDORF EINEN KAISER?

Vor knapp 1000 Jahren stand hier eine Burg am Rhein. Die Mauerreste der Kaiserpfalz-Ruine erinnern daran. Sie sind bis zu viereinhalb Meter dick. Doch auch die mächtigen Mauern halfen nichts, als die Burg angegriffen wurde. Beim Erkunden der Ruine begibst du dich auf eine spannende Zeitreise.

Das Gelände der Kaiserpfalz liegt vor dem Stadtteil Kaiserswerth. Früher wohnten hier, im Norden Düsseldorfs, die Herrscher. Ein bekannter war Kaiser Friedrich Barbarossa. Er ließ eine Vorgängerburg Ende des 12. Jahrhunderts zur Kaiserpfalz ausbauen. Zu dieser Zeit war es üblich, dass Herrscher auf dem Pferd durch ihr Land zogen und an verschiedenen Orten Station machten. Sie regierten nicht wie spätere Könige nur von einem Schloss in der Hauptstadt aus, sondern wechselten ihre Wohnorte. Die Herrscher und ihr Gefolge – Familie, Diener, Köche, Soldaten, Pferde – kamen dann in einer Pfalz unter. So nennt man eine burgähnliche Palastanlage für Kaiser, Könige und ihre Stellvertreter. Der Ort neben der Pfalz nahm den Kaiser gleich in seinen Namen auf: Kaiserswerth. Werth heißt übrigens Insel. Da der Rhein früher einen anderen Verlauf hatte, stand die Kaiserpfalz im Mittelalter auf einer Insel.

Info

KAISERPFALZ
Burgallee
40489 Düsseldorf

Tel. (02 11) 22 97 20 77
www.kaiserpfalz-kaiserswerth.de

Picknick im Grünen

Um den schönen Platz in Rheinnähe gab es immer wieder Rangeleien. Die Kaiserpfalz wurde mehrfach angegriffen, teilweise zerstört und wiederaufgebaut. 1702 wurde sie dann endgültig gesprengt. 200 Jahre lang nutzten die Bürger von Kaiserswerth die Überbleibsel als Steinbruch. Wenn sie Steine brauchten für ihre Wohnhäuser, holten sie sich die Reste der Burg. Dennoch sind imposante Mauerreste stehen geblieben. Heute ist die Ruine ein friedlicher, idyllischer Ort. Pflanzen und Gras haben sich verbreitet. Ihr könnt auf dem Gelände der Kaiserpfalz picknicken. Oder du machst mit deiner Familie im Anschluss einen Abstecher in den benachbarten Biergarten. Auch hier ist ein toller Rheinblick und man sitzt schattig unter großen Kastanienbäumen.

Geöffnet von April bis Ende Oktober !

19 Ökotop Heerdt, oder: WIE GROSS IST EIN BIENENVOLK?

Wenn deine Eltern mal einen Ort zum Spazierengehen suchen, schlage ihnen doch das Ökotop vor. Das ist eine Art privates Naturschutzgebiet. Hier kommt ihr an Biogärten, Wildblumenwiesen, einem Feuchtbiotop mit Weiher, einem Insektenhaus und einer Trockenmauer mit Schlupfwinkeln für Tiere vorbei.

In Düsseldorf-Heerdt gab es immer schon viel Industrie und Gewerbe. Ursprünglich sollten hier noch mehr Firmen angesiedelt werden. Das war vor ungefähr 30 Jahren. Doch eine Gruppe engagierter Heerdter Bürger hatte eine bessere Idee.

Natur statt Industrie

Eigentlich hatten sie sich zusammengefunden, um sich für einen neuen Spielplatz einzusetzen. Der fehlte nämlich auch. Aber dann entstand die noch größere Idee für ein naturnahes Großprojekt. Die Menschen wollten ihren Stadtteil schöner machen. Um dort zu leben, in der Stadt und trotzdem nah an der Natur. Und mit der Natur. Am Rande wurden Wohnungen und Häuser gebaut. Der Weg ins Grüne ist nicht weit. Etwas versteckt gelegen und von außen nicht gut einsehbar, erkundest du das Gelände auf verschlungenen Wegen. Die Streuobstwiesen, den Bolzplatz, das Spielgelände und die Wildgärten.

Fuchs und Falke leben hier

Die Schautafeln auf dem Ökologischen Lehrpfad erklären die einzelnen Stationen. In der Mitte des Ökotops befindet sich ein ganz besonderes Gelände: der Heerdter Busch. Das ist eine verwilderte Fläche, wo die Natur sich selbst überlassen ist. Menschen betreten diese Fläche nicht. Die Bäume pflanzen sich selber aus. So wächst hier eine Art Urwald, wo vorher nur Wiese war. Und der Fuchs, der im Ökotop schon gesichtet wurde, fühlt sich im Heerdter Busch besonders wohl. Auch Falken kommen immer wieder vorbei.

Der Verein, der hinter dem Ökotop steht, macht sich für den Umweltschutz stark. Und vermittelt ein vielfältiges Naturprogramm für Kinder. Du kannst Fledermäuse beobachten, die Wiese mit Kescher und Lupe erkunden und erfährst alles rund um den Honig im Bienenhaus.

Die fleißigsten Bewohnerinnen im Ökotop sind die Bienen. Und die zahlreichsten. Es gibt ungefähr 350.000. Ganz genau weiß man das nicht. Sie leben im Bienenhaus und

Autos müssen draußen bleiben

67

natürlich in der umliegenden Natur. Davon gibt es viel im Ökotop, obwohl es direkt neben einem Gewerbegebiet und nahe an der Autobahn liegt.

Die Biene ist eine kleine Ingenieurin. Sie baut exakt und ausdauernd ihre sechseckige Wabe. Eine nach der anderen. In diese Waben legt die Bienenkönigin ein Ei. Das sind ungefähr 200.000 Eier pro Jahr und mehr als 500 Eier am Tag. Da hat sie viel zu tun, deswegen fliegt eine Bienenkönigin auch nicht. Und sie bekommt von den Arbeiterbienen vorgekautes Essen. Alles, damit sie sich mit ihrer Hauptaufgabe, dem Eierlegen, befassen kann. Die Arbeiterinnen produzieren den Honig. Stell dir vor, eine Biene müsste für ein Glas Honig zwei Millionen Blüten anfliegen! Zum Glück hat sie viele Kolleginnen. 20.000 bis 60.000 Bienen leben zusammen in einem Bienenvolk. Wenn der süße, dickflüssige Saft später aus den Waben geschleudert ist, entsteht echter Düsseldorfer Ökotop-Honig.

Wilde Gärten

Kennst du Schrebergärten? Das sind kleine gepachtete Gärten mit Gartenhäuschen, die in einer Schrebergartensiedlung nebeneinanderliegen und die man als Pächter selbst gestalten kann. Zumeist sind sie sehr gepflegt und eingezäunt. Die 60 Wildgärten im Ökotop werden auch vermietet. Aber sie wirken ganz anders. Irgendwie romantischer und natürlicher. Jeweils zehn Gärten sind in einem Rondell angelegt. Die Fläche in der Mitte wird gemeinsam genutzt. Hier gibt es keine Gartenzäune, sondern nur Hecken und Holzäste. Alles blüht und wächst, wie die Natur es vorgibt. Und alle verzichten auf chemischen Dünger oder Pflanzenschutzmittel.

ÖKOTOP HEERDT E. V.
Am Ökotop 70
40549 Düsseldorf

Tel. (02 11) 50 13 12
www.oekotop.de

Regenwürmer sind eine große Hilfe für Gärtner, auch im Ökotop. Regenwürmer lockern die Erde auf und düngen sie. Wie ein Regenwurm das macht, lässt sich gut beobachten, wenn du dir eine Regenwurm-Wohnung baust. Und zwar in einem großen Einmachglas. Du brauchst außerdem Gartenerde, Speisestärke aus Mais, Apfelschalen, einen Stift, Wasser und natürlich Regenwürmer. Am besten drei. Jetzt füllst du das Einmachglas mit vier dicken Erdschichten. Wichtig ist, dass du zwischen die einzelnen Schichten jeweils eine dünnere Schicht aus Maisstärke füllst. Die Apfelschalen kommen ganz oben drauf. Dann markierst du außen am Glas die einzelnen Schichten. Jetzt kommen die Regenwürmer ins Spiel. Falls du keine im Park, Wald oder Garten finden solltest, kaufst du welche im Angelshop.

Du setzt die Würmer ins Glas und stellst dieses am besten auf den Balkon. Befeuchte die Erde im Glas jeden Tag ein wenig. Die neuen Bewohner werden sich schnell einen Weg durch die Erdschichten suchen. Von außen kannst du das gut durch das Glas beobachten. Nach einer Weile wirst du feststellen, dass sich die helle Stärkeschicht und die dunkle Erdschicht vermischen. Das passiert durch die Aktivität der Regenwürmer, denn sie bauen unterirdische Gänge im Boden. Dadurch lockern sie die Erde. Sie fressen die Apfelschalen, aber auch reine Erde und scheiden kleine feste Kotbällchen aus.

In der Natur, wo keine Apfelschalen herumliegen, ernährt sich ein Regenwurm vornehmlich von Blättern. Er zieht sie ins Erdreich und lässt sie dort verrotten. Erst dann kann er sie fressen. Gleichzeitig sorgt er so dafür, dass die Böden fruchtbar bleiben: Er düngt sie. Denk dran, die Regenwürmer dann auch wieder freizulassen.

EXPERIMENT

20

Wildpark Grafenberger Wald, oder: WER **SIND** BACHE **UND** KEILER?

Rehe streicheln und ihnen ganz nah kommen kannst du im begehbaren Damwild-Gehege im Grafenberger Wald. Zu den Wildschweinen kommst du nicht herein. Aber beobachten kannst du sie trotzdem prima. Würdest du sie bei einem Waldspaziergang treffen und ihr würdet euch ohne Zaun gegenüberstehen, hättest du bestimmt ganz schön viel Respekt vor diesen wuchtigen Tieren.

Im Wildpark trennt dich ein Zaun von den wilden Geschwistern des Hausschweins, das du vielleicht schon einmal auf einem Bauernhof gesehen hast. Ausgewachsen misst ein Keiler, das männliche Wildschwein, in etwa 140 bis 180 Zentimeter. Und kann bis zu 200 Kilogramm schwer werden. Die Frischlinge, so heißen die Wildschweinkinder, sind viel kleiner. Das Sagen in der Truppe hat die stärkste Bache. So nennt man die weiblichen Schweine. Du kannst die Wildschweine füttern. Gut hierfür geeignet sind Rohkost und Obst.

Waldschule und Spielplatz

Neben dem Wildschweingehege direkt am Anfang des Wildparkgeländes leben Rehe und Mufflons, das sind gehörnte Wildschafe. Marder, Waschbär, Iltis, Fuchs und andere Waldbewohner entdeckst du ebenfalls bei einem Rundgang durch den Park. Insgesamt sind es rund 100 Tiere. Und in das Damwild-Gehege darfst du sogar reingehen! Wenn die Rehe

Info

WILDPARK GRAFENBERGER WALD
Rennbahnstraße 60
40629 Düsseldorf

Tel. (02 11) 62 59 72
www.duesseldorf.de/stadtgruen/
wald/wildpark.html

und Hirsche Lust haben und nicht zu scheu sind, nähern sie sich. Dann kannst du auch versuchen, sie mit Trockenfutter zu füttern. Ein schöner Spielplatz wartet auf dich mitten auf einer großen Lichtung. Und eine Waldschule. Hier erfährst du Interessantes über Waldbewohner und Waldpflanzen. Der Besuch ist kostenlos. Und alle zwei Jahre wird im Wildpark ein Sommerfest gefeiert.

Kleine Rehe heißen Kitze

21 Botanischer Garten, oder:
WARUM KÖNNEN WIR OHNE PFLANZEN NICHT LEBEN?

Kannst du dir eine Welt ohne Pflanzen vorstellen? Ziemlich öde und grau würde sie aussehen. Pflanzen gibt es überall in deiner Umgebung. Blumen auf dem Balkon und im Garten. Bäume im Park, am Straßenrand, auf dem Spielplatz, im Wald. Im Botanischen Garten lernst du die Welt der Pflanzen kennen.

In einem Bauerngarten wachsen Nutzpflanzen, also essbare Pflanzen. Die Anfänge solcher eingegrenzten Flächen in Wohnnähe liegen in der Jungsteinzeit. Vor 12.000 Jahren begannen Menschen, Wildpflanzen im Bereich ihrer Siedlung anzubauen und einzuzäunen. Der Zaun gab dem Garten seinen Namen. Das Wort Garten kommt von ghortos, was übersetzt das Eingefasste heißt. Mit der Zeit wurden die reinen Nutzgärten voller Gemüse, Getreide und Kräuter vielfältiger und schöner. Als die Römer nach Nordeuropa kamen, brachten sie neue Pflanzen mit wie Gurken, Knoblauch, Lauch und Kräuter wie Rosmarin und Majoran. Im Mittelalter waren es dann vor allem Nonnen und Mönche, die in ihren Klostergärten mit Pflanzen experimentierten, immer vielfältiger anbauten und neben die Nutzpflanzen bunte Blumen setzten.

Ohne Pflanzen würde es uns Menschen gar nicht geben. Sie produzieren den Sauerstoff, den wir zum Atmen brauchen. Und sie versorgen uns mit Energie, wenn wir sie essen. Gemüse, Obst, Getreide, Salat – essbare Pflanzen aller Art stehen jeden Tag auf deinem Speiseplan. 75.000 Pflanzen weltweit sind als essbar eingestuft. Davon wird nur ein kleiner Teil in der Landwirtschaft angebaut, nur 660 Pflanzenarten. Vor allem Weizen, Soja und Reis, die mehr als die Hälfte der Nahrung weltweit ausmachen. Essbar sind aber auch Chinagras, die Gummibärchenblume und die Japanische Faser-Banane. Wie die wohl schmecken? Anschauen kannst du sie bei einem Besuch im Botanischen Garten der Düsseldorfer Universität. Und in Workshops oder bei einer Kinderführung erfährst du noch mehr über die Pflanzenwelt.

Die Pflanzen aller Kontinente

China liegt direkt neben Nordamerika, Japan nahe bei Europa – jedenfalls im Botanischen Garten. Auf dem großen Gelände wurden die typischen Pflanzen dieser Länder angepflanzt. Bei einem Rundgang kommst du in weniger als einer Stunde um die Welt. Du kannst dir natürlich auch mehr Zeit lassen. Angelegt sind die Bepflanzungen rund um eine große Wildblumenwiese. Außerdem kannst du den Apothekergarten besuchen, wo Heilkräuter wachsen, und den Bauerngarten.

Botanik bedeutet Pflanzenkunde

Das besondere Klima im Gewächshaus

Im Botanischen Garten gibt es neben dem Freigelände auch Gewächshäuser. Am auffälligsten ist der große Kuppelbau am Eingang. Drinnen fühlst du dich wie an einem schwülen Sommertag. Denn die Pflanzen hier drinnen mögen es warm und feucht. Zum Beispiel die Agathis australis, eine Fichte, die von weit her kommt. Erkennst du das vielleicht an ihrem Namen? Der Baum mit den festen länglich-ovalen Blättern ragt bis fast unters Kuppeldach. Und das ist immerhin 18 Meter hoch. Das sind ungefähr sieben Fußballtore übereinander. Riesige Farne breiten ihre mächtigen Blätter aus, sodass du wie durch einen Tunnel gehst. Oliven-, Feigen- und Granatapfelbaum erinnern an Urlaubstage in Griechenland oder der Türkei. Etwa 400 verschiedene Pflanzenarten aus Gebieten mit warmen, trockenen Sommern und regenreichen Wintern wachsen in diesem Kuppelbau. Interessant ist seine Bauweise. Es sieht aus wie eine halbierte Kugel. Die bis zum Boden reichende Kuppel besteht aus lauter dreieckigen Acrylglasplatten.

Info

BOTANISCHER GARTEN
Heinrich-Heine-Universität
Universitätsstraße 1

40225 Düsseldorf
www.botanischergarten.hhu.de

Pflanzen produzieren den Sauerstoff für die Lebewesen auf der Erde. Wie machen sie das? Atmen sie so wie wir? Und wie versorgen sie sich selbst mit Nährstoffen und Wasser?

Pflanzen nutzen Sonnenenergie, um ihre eigene Nahrung herzustellen. Diesen Vorgang nennt man Photosynthese. Der Vorteil für uns Menschen: Bei der Photosynthese entsteht Sauerstoff. Gleichzeitig wird Kohlenstoffdioxid abgebaut. Kohlenstoffdioxid macht die Luft schlecht. Es ist enthalten in Autoabgasen, oder wird von uns selbst produziert, wenn wir ausatmen. Pflanzen atmen das Kohlenstoffdioxid ein und wandeln es um. Sie atmen natürlich nicht durch eine Nase, sondern mithilfe winziger Spaltöffnungen an der Unterseite ihrer Blätter. Durch ihren grünen Farbstoff, das Chlorophyll, verwandeln Pflanzen mittels Sonnenlicht und Wasser das Kohlendioxid in Zucker und Sauerstoff. Den Zucker speichern die Pflanzen. Den Sauerstoff geben sie an die Luft ab.

Wenn du die Luft in deinem Zimmer verbessern möchtest, züchte doch ein paar Pflanzen. Sie schaffen natürlich nicht so viel gute Luft wie ein Wald, aber es ist auch toll, ihnen beim Wachsen zuzuschauen. Sogar den Wurzeln kannst du beim Wachsen zuschauen, wenn du ein Einmachglas mit Erde füllst und oben auf die Erde Weizenkörner legst. Drück sie ein wenig fest und befeuchte sie. Schon nach drei Tagen beginnen die Körner zu keimen. Zarte Blattspitzen wachsen nach oben ans Licht, feine Wurzeln suchen sich den Weg in die Erde. Diese Wurzeln verzweigen sich immer mehr. So hat die Pflanze die Möglichkeit, möglichst gut an die Nährstoffe in der Erde zu kommen. Denn Pflanzen ernähren sich auch über ihre Wurzeln.

EXPERIMENT

Carlsplatz, oder:
WER IST HELA AUS DER HEIDE?

Blumen und Messer, Äpfel und Mangos, Fisch und Reibekuchen, Lakritz und Smoothies – das Angebot auf dem Carlsplatz ist groß. Mitten in der südlichen Altstadt sind feste Marktstände aufgebaut. Außer sonntags und montags kann man hier jeden Tag einkaufen.

In anderen Großstädten gibt es alte Markthallen. Zum Beispiel in Stuttgart oder Berlin. Düsseldorf hat – ähnlich wie München den Viktualienmarkt – seinen festen Markt im Freien. Trotzdem bist du beim Schlendern durch die Gänge durch eine riesige Dachkonstruktion geschützt.

Märkte gibt es, seitdem Düsseldorf 1288 die Stadtrechte erhalten hat und vom Dorf zur Stadt wurde. Und seit mehr als 100 Jahren finden sich auf dem Carlsplatz die Verkaufsstände. Vorher konnten die Düsseldorfer auf einem Markt vor dem Rathaus einkaufen. Den Carlsplatz als großen freien Platz in der Altstadt gab es natürlich schon. Er wurde als Exerzierplatz genutzt, auf dem sich die Soldaten versammelten. In der Stadtgeschichte wird auch von Feuerwerken berichtet und von einem Amphitheater, also einem Theater im Freien. Benannt wurde der Platz nach einem Fürsten Karl, der dem ganzen umliegenden Viertel seinen Namen vermachte, der Carlstadt. Ob mit K oder C, das war bei dem Fürsten schon beides möglich. Und so hat sich auch die Schreibweise des Platzes öfter geändert: Carl-Platz, Karlsplatz, Karl-Platz. Klingt eigentlich alles gleich, nur die Straßenschilder mussten immer wieder ausgetauscht werden, bis man sich auf die heutige Schreibweise Carlsplatz geeinigt hatte.

MARKTBÜRO CARLSPLATZ
Carlsplatz 26
40213 Düsseldorf

Tel. (02 11) 8 80 03 56
www.carlsplatz-markt.de

Einkaufen und essen

Auf dem Carlsplatz gibt es Stände mit exotischen und einheimischen Produkten, und Stände, an denen du gleich etwas essen kannst. Oder du entdeckst Nicht-Essbares wie Seifen, Weidenkörbe oder Uhrenarmbänder. Und natürlich gibt es auch ganz typische Marktprodukte wie Kartoffeln. Zu ihnen zählen auch Hela aus der Heide und die schwarze Ungarin, aber auch Anuschka aus Bayern und die Blaue Anneliese aus Frankreich. All das sind Namen von Kartoffelsorten. Zu finden im Kartoffelhaus, einem der mehr als 60 Stände auf dem Carlsplatz.

Neben dem festen Markt auf dem Carlsplatz kannst du in vielen Düsseldorfer Stadtteilen auf Bauernmärkten einkaufen. Sie sind kleiner, und die Stände werden nur ein- oder zweimal in der Woche aufgebaut. Aber das Einkaufen macht hier noch mehr Spaß als im Supermarkt. Und du unterstützt die Bauernhöfe in der Umgebung, die hier ihre Produkte verkaufen.

Geöffnet hat der Markt von 8 bis 18 Uhr

22

Barfußpfad Neuss, oder: WAS HABEN FÜSSE MIT DEM GEHIRN ZU TUN?

Kannst du dich an das Gefühl erinnern, wenn du am Strand die Schuhe ausziehst und mit nackten Füßen durch den weichen Sand läufst? Oder wie es ist, barfuß über eine kühle Wiese zu laufen und die Grashalme kitzeln die Fußsohlen? Dann macht das Barfußlaufen Spaß. Auf dem Barfußpfad in Neuss auch. Hier kannst du sogar 18 verschiedene Untergründe mit den Füßen erkunden.

Eins vorweg: Nach dem Rundgang über den Barfußpfad werden sich deine Füße anders anfühlen. Durchmassiert und wärmer. Irgendwie lebendiger. Dafür sorgen die Reize an den Fußsohlen, denn hier läufst du über Steine, Rindenmulch und Kies. Mal fühlt es sich ziemlich pieksig an (auf der Muschelstrecke), mal massieren kleine Unebenheiten die Fußsohle (beim Kies), mal willst du gar nicht weitergehen, weil der zarte Sand kühl die Füße umschmeichelt. Die Vielfalt macht den Rundgang abwechslungsreich. Und das ist gut für die Sinnesreize an deinen Füßen.

Die Schuhe bleiben stehen

Die Felder sind getrennt durch kleine Wiesenstrecken. Hier können sich deine Füße auf den neuen Eindruck vorbereiten. Jeder Untergrund fühlt sich anders an. Es kitzelt und kribbelt. Für deine Füße, die meist in Schuhen stecken, sind das kleine Fühlexplosionen. Und diese wirken sogar auf dein Gehirn anregend. Denn im Fuß sitzen rund 200.000 Ner-

BARFUSSPFAD
Berghäuschensweg
41460 Neuss

Tel. (0 21 31) 90 83 00
www.barfusspfad-neuss.de

venenden, und die senden Botschaften direkt ans Gehirn. Wenn du über zerbrochene Muscheln gehst, bist du konzentriert bei der Sache, garantiert. Wenn du glatte, warme Kieselsteine unter den Fußsohlen spürst, ist das angenehm und entspannend. Die Fußsohlen sind über Nervenbahnen mit dem Gehirn verbunden. Was also die Füße erleben, erlebt auch dein Gehirn und kommt dort als Sinnesreiz an. Witzig ist es, den Barfußpfad mit geschlossenen Augen zu erkunden. Lass dich von jemandem führen. Dann erraten deine Füße, über was sie gerade laufen.

Der Barfußpfad liegt im Neusser Hochzeitshain. Der heißt so, weil Hochzeitspaare hier schon seit Langem einen Baum pflanzen können – als Erinnerung an den besonderen Tag ihrer Heirat. Eintritt kostet der Barfußpfad nicht. Und picknicken kann man prima auf der großen Wiese. Aber denke bei deinem Besuch bitte daran, keinen Müll zu hinterlassen.

Ein Besuch ist von Mai bis Oktober am schönsten

23

Aquazoo Löbbecke Museum, oder: SIEHT DER BRILLEN- PINGUIN SCHLECHT?

Über 3000 Tiere leben im Aquazoo. Fast vier Jahre lang waren sie auf andere Unterkünfte verteilt. Denn ihr Zuhause wurde auf Vordermann gebracht. Das Aquazoo Löbbecke Museum wurde saniert und modernisiert. Im Herbst 2017 fand die Neueröffnung statt. Jetzt kannst du eine neu zusammengestellte Dauerausstellung besichtigen.

Eingezogen sind nicht nur die alten Bewohner vom See- pferdchen bis zum Krokodil, es kamen 100 neue Tierarten dazu! Zum Beispiel die Grünen Leguane mit ihrer knallig- farbigen Haut und die Brillenpinguine. Diese sehen übrigens genauso gut wie andere Pinguine, aber über ihren Augen ist ein rosa Fleck, der an eine Brille erinnert. Dieser Fleck hat eine besondere Aufgabe: Damit können die Brillenpinguine überschüssige Wärme abgeben. Sie leben nämlich nicht wie die meisten ihrer Artgenossen am kalten Südpol, sondern an den sonnigen Küsten Afrikas. Deswegen ist es in ihrem Becken im Aquazoo auch angenehm warm.

Leben im und am Wasser

Das Leben begann im Wasser. Mit winzigen Einzellern. Wie sich das Leben zunächst im Wasser und später an Land wei- terentwickelte, zeigen dir die Themenräume. Der Aquazoo ist einerseits ein Tierpark mit vielen Bewohnern, die im oder am Wasser leben, und andererseits ein Naturkunde- museum. Diese Verbindung ist einzigartig in Deutschland

Info

AQUAZOO LÖBBECKE MUSEUM
Kaiserswerther Straße 380

40474 Düsseldorf
Tel. (02 11) 8 99 61 50
www.duesseldorf.de/aquazoo

und macht den Besuch so abwechslungsreich. Spannend ist es auch, bei den Tierfütterungen zuzuschauen. Was fressen die Pinguine? Und worauf haben Haie wohl Appetit?

Im Aquazoo erwarten dich riesige Aquarien und zahlreiche Terrarien. Vielleicht entdeckst du den Arabischen Doktorfisch? Oder den Weihnachtsbaumwurm, die Schlammspringer oder die Wandelnden Geigen? Und in der Tropenhalle gibt es frei fliegende Schmetterlinge.

Aqua heißt Wasser

24

Urdenbacher Kämpe, oder:
WARUM IST HOCHWASSER NÜTZLICH?

Die Urdenbacher Kämpe ist zu jeder Jahreszeit schön. Im Frühling blühen die Wiesen und Obstbäume. Im Sommer machst du eine Radtour im Schatten der Bäume. Im Herbst kannst du bunte Blätter sammeln. Und im Winter guckst du dir das Hochwasser an.

In der Urdenbacher Kämpe bist du nah dran an der Natur. Es ist das größte Naturschutzgebiet im Raum Düsseldorf. Ganz im Süden der Stadt am Rande des dörflichen Stadtteils Urdenbach gelegen, ist es eingerahmt vom Rhein und einem ehemaligen Altrhein-Arm. Die Bezeichnung Kämpe ist schon ganz alt. Sie stammt ab von dem lateinischen Wort *campus*. Das heißt Feld. Vor ungefähr 2000 Jahren siedelten in dieser Gegend die Römer. Sie betrieben Ackerbau und bewirtschafteten Felder. Daher die Bezeichnung Kämpe. Auch heute noch wird am Rande des Naturschutzgebietes Getreide angebaut. Und Kühe und Pferde weiden hier. Im Winter wirst du sie nicht hier antreffen, da es dann manchmal Hochwasser gibt.

Überschwemmungsgebiet

Die Urdenbacher Kämpe wird regelmäßig von Hochwasser überflutet. Wenn der Rhein in regenreichen Monaten oder nach der Schneeschmelze in den Bergen viel Wasser mit sich führt, kann er sich hier ausbreiten. Deiche, die den Fluss sonst meist begradigen und gleichzeitig einengen, gibt es nicht. Und die Landschaft profitiert vom Hochwasser. So sind die Wiesen in der Urdenbacher Kämpe etwas ganz Besonderes. Sie blühen in einer Artenvielfalt, wie es sie sonst selten gibt. Das kommt daher, dass die Wiesen nicht künstlich gedüngt und gespritzt werden. Bei Überschwemmungen wird gehaltvolle Erde mit angespült. Die ist ein ganz natürlicher Dünger. Da der Rhein in der Kämpe Platz hat, sich bei Hochwasser auszubreiten, bleiben die Stadtteile von Düsseldorf, die ein paar Kilometer den Rheinlauf stromabwärts liegen, vor dem Hochwasser geschützt. Weil das Wasser in die Urdenbacher Kämpe fließen kann. Und nicht in die Keller der Stadthäuser.

Aktionen mit der Biologischen Station

Solch ein Überschwemmungsgebiet in Flussnähe nennt man auch Auenlandschaft. Oder kurz Aue. Eine Aue ist mal feucht, mal trocken, mal steht sie unter Wasser. Daran sind die Pflanzen und Tiere, die hier leben, angepasst. Du lernst die Aue und das Leben mit der Natur noch besser kennen bei einem Workshop oder einer Führung durch die Biologische Station Haus Bürgel. Da kannst du auf Kaulquappen-

Achte auf die Infotafeln am Wegesrand

Suche gehen, lernen, wie man ein Lagerfeuer ohne Streich-hölzer und ohne Feuerzeug anfacht, oder Spannendes über Bienen erfahren.

Ein tolles Erlebnis für die ganze Familie ist die Obst-ernte. Diese organisiert die Biologische Station im Herbst. Dann geht es gemeinsam auf die Streuobstwiesen mit den alten, knorrigen Apfelbäumen. Bei der Ernteaktion kannst du die Apfelbäume schütteln oder einzelne Äpfel vom Baum pflücken. Gemeinsam presst ihr aus den selbst geernteten Äpfeln Apfelsaft. Der schmeckt richtig lecker!

Ganz wichtig ist, dass du dich bei einem Besuch der Ur-denbacher Kämpe so verhältst, wie es einem Naturschutzge-biet guttut. So verlockend die Wiesen auch ausschauen, um die Picknickdecke auszubreiten: Das ist verboten. Stattdes-sen gibt es gemütliche Sitzgelegenheiten entlang der Wege auf extra aufgestellten Baumstämmen oder Bänken. Auf die-sen Wegen solltest du bleiben. Die Natur braucht ihre Ruhe und keine platt getretenen Pflanzen.

BIOLOGISCHE STATION HAUS BÜRGEL
Urdenbacher Weg
40789 Monheim am Rhein
Tel. (02 11) 9 96 12 1

www.bsdme.de
www.auenblicke.de

Selbst geerntete Äpfel wie aus der Urdenbacher Kämpe schmecken noch mal so gut wie gekaufte. Du kannst sie pur essen oder zusammen mit deinen Eltern ein leckeres Rezept ausprobieren:

Apfelmus

Du brauchst fünf Äpfel, 100 Milliliter Wasser, einen halben Esslöffel Zimt und einen Esslöffel Zucker. Das Wasser wird in einem Topf erhitzt. Jetzt kannst du die Äpfel entweder erst schälen — dann wird das Apfelmus feiner —, oder du lässt die Schale dran. Auf jeden Fall schneidest du die Äpfel in Stücke und gibst sie vorsichtig ins kochende Wasser. In ungefähr 15 Minuten werden sie weich. Dann kannst du sie mit dem Mixer pürieren und mit Zimt und Zucker abschmecken.

Apfelringe

Äpfel schälen, das Kerngehäuse mit einem Apfelentkerner entfernen und die Äpfel in Scheiben schneiden. Die Ringe legst du auf ein Backblech. Bei 60 °C und Ofen-Umluft trocknen sie langsam aus. Das dauert mehrere Stunden. Die Backofentür muss dabei leicht geöffnet bleiben, damit die Feuchtigkeit verschwinden kann. So machst du aus frischen Äpfeln haltbare Snacks.

Apfelpfannkuchen

Du mixt 200 g Mehl, 250 ml Milch und zwei Eier in einer Rührschüssel. Ein Schuss Mineralwasser macht den Teig lockerer. Schneide einen Apfel in Stücke und dann in dünne Scheiben. Dann schmilzt du etwas Butter in einer Pfanne und bedeckst den Pfannenboden mit Teig. Die Apfelstücke darauf verteilen. Den Pfannkuchen wenden, ein wenig Zucker und Zimt drüberstreuen. Fertig ist dein Apfelpfannkuchen.

Düssel und Rhein, oder:
WARUM HEISST DÜSSELDORF NICHT RHEINSTADT?

Eigentlich müsste Düsseldorf doch Rheinstadt heißen, oder? Düsseldorf ist mit seinen mehr als 600.000 Einwohnern schließlich kein Dorf. Und der Rhein viel bekannter und größer als das Flüsschen Düssel. Aber: Die Geschichte der Stadt beginnt mit Menschen, die Hütten bauten – rund um die Mündung der Düssel.

Dort, wo der kleine Fluss in den großen fließt, kamen die Menschen gut an ihre Wasserstellen. Damals gab es ja noch keine Wasserhähne oder -leitungen. Man schnappte sich seinen Krug und holte sich das Wasser aus der ruhig dahinfließenden Düssel. Aus der Ansiedelung mit wenigen Hütten wurde rasch ein kleines Fischerdorf. Düsseldorf eben.

Rund um den Burgplatz, wo heute noch der Schlossturm steht, liegt das ursprüngliche Zentrum Düsseldorfs. Mittlerweile fließt die Düssel hier unterirdisch in den Rhein. Am Rande des Platzes kannst du sehen, wie sie im Dunkeln verschwindet. Bis hierher hat sie schon einen weiten Weg zurückgelegt. Die Quelle der Düssel liegt im Bergischen Land, eine halbe Stunde Autofahrt entfernt.

Der große Strom

Aus dem Dorf an der Düssel ist längst die Stadt am Rhein geworden. Aber der Name ist geblieben. Trotzdem gehört natürlich der Rhein zur Geschichte der Stadt. Schiffe aus der Ferne transportierten Waren und Materialien. Der Rhein war ein wichtiger Handelsweg. Und brachte der Stadt Düsseldorf Einnahmen und Arbeitsplätze. Auch heute noch kannst du sehen, wie riesige Lastkähne gemächlich den

Rhein entlangziehen. Der Rhein ist als Handelsweg nicht mehr ganz so bedeutend wie zuvor. Mittlerweile gelangen viel mehr Waren per Lkw und Eisenbahn zu uns.

Besonders schön ist in Düsseldorf die Nähe zum Ufer. Am Stadtrand gibt es breite Sandstrände sowie Deiche, ideal für eine Radtour oder zum Skaten. Unterhalb der Altstadt liegt die Rheinuferpromenade, und auf den Rheinwiesen in Golzheim, Niederkassel und Lörick ist viel Platz zum Drachensteigen und Ballspielen. Und an vielen Stellen hast du einen tollen Weitblick auf den großen Fluss. Am besten bei Sonnenuntergang.

Länge der Düssel: 40 km
Länge des Rheins: 1233 km

87

25

Hier leben Hänsel und Gretel. Dora und Nicky. Doris und Heidi. Neben den Gänsen, Eseln und Schweinen beherbergt der Bauernhof im Südpark noch knapp 30 andere Tiere. Nah am Stadtrand haben sie ihr Zuhause in einem mehr als 150 Jahre alten Bauernhof.

1987 fand die Bundesgartenschau in Düsseldorf statt. Das ist eine große Ausstellung rund um Pflanzen und Natur. Dafür wurde der gesamte Südpark neu gestaltet. Und damit auch der Bauernhof mit seinem Stall, den Außengehegen und den Gemüse- und Kräutergärten. Seitdem kannst du hier viele Bauernhoftiere hautnah erleben. Wie Doris und Heidi, die beiden Deutschen Weideschweine. Sie liegen in ihrem Gehege gerne im Matsch oder wälzen sich im Sand. Aber nicht, weil sie gerne dreckig sind. Das Suhlen hilft ihnen gegen winzige Mitbewohner auf der Haut wie Läuse oder Flöhe.

Esel werden mehr als 30 Jahre alt

Dora und Nicky sind sieben Jahre alt, als Esel sind sie gerade erwachsen geworden. Trotzdem sieht es in ihrem Gatter mit dicken Kordeln an den Bäumen, rollenden Fässern auf dem Boden und Bällen wie auf einem Spielplatz aus. Das hat folgenden Grund: Esel sind sogenannte Pack- und Zugtiere. Also Arbeitstiere, die Lasten tragen oder Kutschen ziehen. Das machen sie im Südpark nicht. Aber wenn sie sich zu wenig bewegen würden, wäre das ungesund und sie würden dick. Deswegen gibt es die Spielsachen.

Info

BAUERNHOF IM SÜDPARK
In den Großen Banden 58–60

40225 Düsseldorf-Wersten
Tel. (02 11) 88 25 84 40 00

Tiere füttern und streicheln

Zu jedem Tier finden sich interessante Informationen auf einem Schild. Bei einem Rundgang besuchst du Ziegen, Schafe und Kaninchen. Und im Frühling gibt es Nachwuchs zu bestaunen. Dann springen Zicklein und Lämmer über die Wiesen, die kleinen Beine noch staksig und ganz süß anzusehen. Die Jungtiere sind scheu, aber die älteren Mitbewohner lassen sich meist streicheln und füttern.

Aufgepasst!

Dann kommst du auch bei Hänsel und Gretel vorbei. Den Gänsen. Sie gelten als Wachtiere und sind äußerst aufmerksam. Gänse können sehr gut sehen und schlagen mit ihrem Geschnatter Alarm, wenn Unbekannte zum Beispiel nachts vorbeikommen würden. Sie können dabei sogar wachsamer sein als Hunde. Da Gänse schreckhafter sind, schlagen sie schneller Alarm. Und sie lassen sich nicht durch Fleisch-Leckerli bestechen. Das wussten schon die Römer und setzten Gänse vor mehr als 2000 Jahren als Wachtiere ein.

Der Bauernhof ist auch als Streichelzoo im Südpark bekannt

26

Fafas Ponyranch, oder:
WAS UNTERSCHEIDET PFERDE UND PONYS? ?

Fafa hieß der erste Bewohner der Ponyranch. Daher der Name. Das Pony lebt noch heute hier am Rand des Düsseldorfer Stadtteils Bilk. Mittlerweile mit mehr als 20 anderen Ponys und mit Muffin, der Katze, sowie den Hunden Sky und Ballo. Auf der Ponyranch kannst du reiten oder dich um ein Pflegepony kümmern.

Fafa sollte eigentlich sterben. Er war krank und sollte zum Schlachter gebracht werden. Aber das wollte Yvonne Krüll nicht zulassen. Sie kaufte das Pony, kümmerte sich um seinen Hautausschlag und fand bald einen kleinen Reiterhof am Stadtrand, mit dem sie sich einen Traum erfüllte. Seitdem sorgt die ehemalige Rennreiterin auf ihrem Schutzhof für Ponys, die keiner mehr haben will, die ein Handicap haben oder eine Krankheit. Auch Ponys können Asthma, Krebs, Gelenkprobleme oder Demenz bekommen. Dann sind sie nicht mehr so fit, brauchen regelmäßig Medikamente oder ganz viel Aufmerksamkeit, wenn sie dement sind und vieles vergessen. Ponys können 40 Jahre alt werden.

Reiten lernen

Fafa, Silver, Indy und all die anderen Ponys sieht Yvonne als Familienmitglieder an, und in dieser Familie sind helfende Hände willkommen. So kannst du dich nach Absprache um ein Pflegepony kümmern. Dazu gehört, den Stall sauber zu machen und sich mit dem Pony zu beschäftigen. Es spazieren zu führen, zu füttern, zu erziehen und zu reiten. Reiten

Info

FAFAS PONYRANCH
Volmerswertherstraße 153 a
40221 Düsseldorf-Bilk

Tel. (01 72) 2 03 00 18
www.fafas-ponyranch.de

zu lernen ist auch möglich. Was auf einem Pony anfangs einfacher ist als auf einem großen Pferd. Ponys sind übrigens auch Pferde. Auch wenn sie nicht größer als 1,48 Meter werden. Gemessen wird diese Größe am Widerrist. Das ist bei vierbeinigen Tieren eine leicht erhöhte Stelle, da, wo ihr Hals in den Rücken übergeht. Ponys sind meist robuster, haben kürzere Beine und einen breiteren Rücken als ihre großen Artgenossen.

Kindergeburtstag mit Ponyreiten

Der Name Pony stammt ursprünglich von dem lateinischen Wort pullus. Das bedeutet auf Deutsch Fohlen. So heißt ein Pferd, das unter einem Jahr alt ist. Die Bezeichnung passt gut, denn Ponys und Fohlen sind ja beide recht klein – und manchmal nicht leicht voneinander zu unterscheiden.

27

Hofgarten Düsseldorf, oder:
WO IST DER HOF IM HOFGARTEN?

Königinnen und Könige besaßen immer schon tolle Parks – vor und hinter ihren Schlössern. Da konnten sie in ihren feinen Kleidern spazieren gehen und an duftenden Rosen schnuppern. Und die Kutschen der adeligen Gäste kamen auf prunkvollen Alleen vorgefahren.

Diese schönen Parks waren für nicht adelige Menschen, also den Großteil der Bevölkerung, tabu. Das heißt verboten. Deswegen war es etwas Besonderes, als 1769 in Düsseldorf ein Volksgarten entstand. Dieser Park war wirklich für das Volk vorgesehen, nicht nur für die reichen Adeligen. Die Stadtbewohner sollten einen besseren Zugang zur Natur bekommen und sich erholen können. Das waren die Anfänge des Hofgartens in seiner heutigen Form. Er gilt damit als ältester deutscher Volksgarten. Damals lag der Hofgarten noch außerhalb der Stadt. Düsseldorf war ja deutlich kleiner als heute. Sein Name verweist auf einen Hof. Gemeint ist das Schloss Jägerhof, das durch eine Allee mit dem Park verbunden ist.

Düsseldorfs ältester Park

Der Gartenarchitekt Maximilian Friedrich Weye ließ den Hofgarten zu Beginn des 19. Jahrhunderts bis zum Rheinufer vergrößern. Der Park wurde ausgebaut und verschönert. Mit Weihern und Brücken, mit Skulpturen und Parkbänken. Und später auch mit Spielplätzen. Einen wunderschönen Riesenspielplatz findest du heute an der Ecke Kaiserstraße/

Info

Der **HOFGARTEN** ist die Grüne Lunge Düsseldorfs und sorgt für bessere Luft. Er liegt zwischen Jacobistraße, Heinrich-Heine-Allee, Königsallee und Ehrenhof.

Inselstraße. Er ist großzügig angelegt und ausgestattet mit Tunnelrutsche und Kletterturm, einer Gummimatte zum Balancieren, Tischtennisplatten und besonders weit schwingenden Schaukeln. Weitere kleinere Spielplätze sind auf dem weitläufigen Parkgelände mit den vielen Bäumen verteilt.

Und es gibt sogar eine goldene Brücke im Hofgarten. Du findest sie am Weiher in der Nähe des Opernhauses. Die kleine Brücke mit dem Goldbronze-Geländer ist die älteste Fußgängerbrücke der Stadt. Auf der Jägerhofallee Richtung Schloss Jägerhof siehst du Parkbänke leuchten. Diese hat ein Künstler aufgestellt. Ein schöner Anblick, vor allem, wenn es dunkel wird.

Hier wurden früher auch Gemüse und Hopfen angebaut!

28 Kinderbauernhof Neuss, oder: WAS IST EIN BUTTERFASS?

Hast du schon mal aus selber eingesammelten Eiern Pfannkuchen gebacken? Oder einen Stall ausgemistet? Vielleicht schon einmal Butter hergestellt? Nein? Dann hol das schnell nach auf dem Kinderbauernhof im Neusser Stadtteil Selikum.

Du gehst durch die Stalltür und bist mittendrin. Es riecht nach Bauernhof. Ein Schwein grunzt zur Begrüßung. Dann kommst du auf das weitläufige Außengelände und kannst dich gleich auf weitere Tierbeobachtung begeben. Ponys, Esel, Rinder, Ziegen, Schafe, Hühner, Gänse – alle möglichen Bauernhoftiere sind vertreten. Aber auch Pfaue und Enten leben hier. Vor den Gattern hängen kleine Infotafeln. Mit einem Fußabdruck aus Metall des jeweiligen Tiers.

Den Bauernhof erleben

Die Gebäude und das Gelände drumherum gehörten früher zu einem echten landwirtschaftlichen Betrieb. Seit etwa 40 Jahren ist hier der Kinderbauernhof untergebracht. In der alten Scheune erinnern Geräte und Einrichtungsgegenstände an vergangene Zeiten. Wie das Bügeleisen ohne Stromkabel oder das Waschbrett als Vorgänger der Waschmaschine. Deine Oma und dein Opa kennen diese Haushaltshilfen ohne Elektrizität vielleicht noch aus ihrer eigenen Kindheit. Hier steht zudem ein Butterfass aus Holz, in dem früher Sahne geschüttelt wurde. So stellte man Butter her. Durch die schnelle Bewegung setzte sich die enthaltene Milch ab.

Info

KINDERBAUERNHOF NEUSS
Nixhütter Weg 141
41466 Neuss-Selikum

Tel. (0 21 31) 90 33 21
www.kinderbauernhof-neuss.de

Der festere Rest war die Butter. Zwei eingerichtete Wohnstuben, die an die Zeit vor über 100 Jahren erinnern, zeigen, wie einfach und beengt die Leute damals auf dem Bauernhof lebten.

Der Kinderbauernhof liegt an dem Flüsschen Erft und ist das ganze Jahr über geöffnet. Der Eintritt ist kostenlos. Wenn du ein Angebot aus dem Kursprogramm mitmachen möchtest, musst du nur einen kleinen Betrag und die Materialkosten zahlen. Und du solltest dich vorher anmelden. Butter kannst du übrigens auch zu Hause herstellen. Dafür schlägst du Sahne so lange mit einem Mixer, bis sich die Milch absetzt. Die nennt man Buttermilch. Der feste Rest ist dann deine Butter.

Extra-Angebot: Oma-Opa-Nachmittag !

29 Unterbacher See, oder: WAS IST EINE JOLLE?

Möchtest du minigolfen oder lieber Tretboot fahren? Eine Radtour machen oder am Strand spielen? Oder möchtest du segeln und surfen? Am Unterbacher See gibt es viele Möglichkeiten, einen spannenden Tag am, auf oder im Wasser zu verbringen.

Am südlichsten See Düsseldorfs ist es im Sommer am schönsten. Dann kannst du das kühle Nass genießen und im See schwimmen. Der Unterbacher See hat ausgewiesene Badestrände. Das ist wichtig, denn du darfst nicht überall baden. Auch wenn es verlockend aussieht. Das kann sonst gefährlich werden. Deshalb nur mit den Eltern erkunden, wo das Baden erlaubt ist.

Segeln und surfen lernen

An seiner Nord- und Südseite liegen die Strandbäder. Kinder ab acht Jahren können auf dem See sogar segeln oder surfen lernen. Vor allem in den Ferien sind die Kurse beliebt. Dann kannst du dich beim Wassersport austoben, ganz ohne Urlaubsreise. Gesegelt wird auf einer der 60 „Jollen" der dortigen Segelschule oder auf einem „Optimisten". Beides sind Bezeichnungen für Segelboote. Als Kind lernst du am besten im „Optimisten". Das ist ein etwas kleineres Segelboot, stabil und es kentert nicht so leicht. Da so ein Segelboot trotzdem mal kentern kann, musst du in einem Kurs vor der Teilnahme erst einmal zeigen, dass du 15 Minuten am Stück schwimmen kannst. Wem das Segeln zu aufwän-

Info

ZWECKVERBAND
ERHOLUNGSGEBIET
Unterbacher See
Kleiner Torfbruch 31

40627 Düsseldorf-Unterbach
Tel. (02 11) 8 99 20 94
www.unterbachersee.de

dig ist, beim Tretbootfahren ist nur die Beinkraft gefragt. An Land wartet ein schlichter, aber schöner Minigolf-Platz. Und wenn du den See vom Ufer aus erkunden möchtest, bietet sich eine Radtour an.

Und hier ist noch eine Idee: Du machst einfach einen Mini-Urlaub am Unterbacher See. Auf dem Campingplatz. Zelt, Isomatte und Schlafsack reichen für den verlängerten Wochenendausflug. Aber nicht die Schwimmsachen vergessen!

Super sind auch Piratenschiff, Hochseilgarten und Beachvolleyball

30 3D Schwarzlicht Minigolf, oder: WIE FUNKTIONIERT GOLFEN IM WELTALL?

In den Glowing Rooms gehören nicht nur bunt leuchtende Schläger und Bälle zur Grundausstattung, sondern auch eine Spezialbrille. Damit kannst du im Weltall Minigolf spielen. Inmitten spaciger Raumschiffe, umgeben von schwebenden Kometen und Planeten. Und Außerirdische schauen zu.

Natürlich nicht in echt. Aber es wirkt ziemlich echt. Dafür sorgt die Bemalung der Wände, der Decken und des Bodens in einer speziellen Technik. Mit der Brille siehst du Hindernisse aus dem Boden wachsen, die Hügellandschaft an der Wand weist in weite Ferne, und Steinfelsen erheben sich aus dem Boden. Dreidimensional nennt man das, wenn du etwas auf platter Wand Gemaltes wie in Wirklichkeit wahrnimmst und denkst, du seist mittendrin.

Die Kurzform heißt 3D. 3D kennst du vielleicht aus dem Kino. Bei Filmen in 3D werden mehrere Bildebenen übereinander gelagert, und das leicht verschoben. Ohne Brille sieht das etwas verschwommen aus, mit 3D-Brille wirkt es, als ob sich eine Figur räumlich aus dem Film auf dich zu bewegt. Hinter den gemalten 3D-Bildern im Minigolfparcours steckt eine etwas andere Technik. Sie nennt sich Chromadepth. Klingt kompliziert, bedeutet aber nur, dass Lichtstrahlen nicht auf geradem Weg ins Auge gelangen. Die Gläser einer Chromadepth-Brille haben Sichtfolien, die das im Auge ankommende Licht auf unterschiedliche Stellen im Auge verteilen. So rücken einzelne Teile eines Bildes in unserer Wahrnehmung in unterschiedliche Entfernungen. Und du siehst ein Bild dreidimensional. Also räumlich.

Info

GLOWING ROOMS
Kettwiger Straße 6
40233 Düsseldorf

Tel. (02 11) 91 19 59 86
www.glowingrooms.com

Schwarzlicht bringt Leuchten

Glowing Rooms bedeutet leuchtende Räume. Das liegt am Schwarzlicht. Normalerweise sollen Räume durch Licht hell werden. Bei Schwarzlicht ist das anders. Da siehst du nicht die Strahlung der Lichtquelle: Der Raum wird nicht erhellt. Schwarzlicht bringt die Farben zum Leuchten. Am besten ziehst du zu deinem Minigolfausflug ins Weltall helle Sachen an. Dann leuchtest du, weil das Schwarzlicht von hellen Oberflächen mehr reflektiert wird als von dunklen.

Minigolfen in der Zukunft!

31

Hiphop im tanzhaus nrw, oder: WO TRIFFST DU DEN RUNNING MAN?

Tanzen macht Spaß und lässt dich Neues ausprobieren. Zum Beispiel beim Hiphop – einem der 80 wöchentlichen Angebote des tanzhaus nrw im Kinder- und Jugendbereich. Sehr hip! Und sportlich.

Hier lernst du Tanzschritte, die Moves. Hiphop zählt zu den urbanen Tänzen, also den Tanzrichtungen, die quasi auf der Straße entstanden sind. Man nennt sie deshalb auch Street-Tänze. Dazu zählt der Breakdance mit seinen typischen Drehs auf dem Kopf. Und den vielen Bewegungen am Boden. Hiphop ist dagegen ein Stand Up Dance, das heißt, du bleibst während der Bewegungen aufrecht.

Franky Dee, der seit seinem 15. Lebensjahr tanzt, bringt seinen Schülerinnen und Schülern die verschiedenen Moves bei. Zum Beispiel den Running Man. Dabei läufst du mit gleitenden Füßen auf der Stelle. Oder Criss Cross, das ist nicht schwer, dabei werden die Füße im Sprung überkreuzt. Alles im Rhythmus, alles nach Musik. Gerne auch im Freestyle, bei dem man sich ohne festgelegte Schrittfolge bewegt und die Moves individuell kombiniert. Die Hände tasten über eine unsichtbare Wand, die Arme schwingen in Wellenlinien, der Körper bewegt sich wie ein Roboter. Die Hiphop-Kids aus Frankys Gruppe sind mit viel Spaß und Ausdauer dabei.

Viele Tanzstile und Angebote

1100 Kinder und Jugendliche kommen pro Woche ins tanzhaus nrw. Und lernen die unterschiedlichsten Tanzstile. Ne-

info

TANZHAUS NRW
Erkrather Straße 30
40233 Düsseldorf

Tel. (02 11) 17 27 00
www.tanzhaus-nrw.de

ben Hiphop und Breakdance auch Modern Dance, Funky Jazz – und Tap Dance, das Steppen. Sogar klassisches Ballett wird angeboten.

Am Tag der offenen Tür, der jeweils vor Saisonstart stattfindet, hast du die Möglichkeit, die Tanzstile und Angebote auszuprobieren und kennenzulernen. Für alle Altersstufen – für Kinder im Kita-Alter bis zu Jugendlichen – und für die verschiedensten Tanzrichtungen ist etwas dabei.

Super ist das Bühnenprogramm extra für Kinder und Jugendliche!

Radschlägerturnier, oder:
WER ERFAND DEN SEITLICHEN SALTO?

Einmal im Jahr wird das Rheinufer zum akrobatischen Spielfeld für Hunderte Kinder. Wer schlägt am schnellsten und am schönsten ein Rad? Nein, nicht nur eins. Eins nach dem anderen! Besonders geübte Kinder schaffen auf der Radschläger-Strecke mehr als zehn. Angefeuert von vielen Zuschauern.

Das Radschlagen vor Zuschauern hat in Düsseldorf eine lange Tradition. Es gibt einige Geschichten dazu, wie es kam, dass Kinder öffentlich den seitlichen Salto vorführten. Am ältesten und bekanntesten ist diese Geschichte: Graf Adolf von Berg war vor mehr als 700 Jahren Herrscher in Düsseldorf und der Region. 1288 gewann der Graf mit seinen Soldaten eine wichtige Schlacht, die Schlacht von Worringen. Daran erinnert der Worringer Platz am Bahnhof.

Nach der gewonnenen Schlacht wurde Düsseldorf zur Stadt erhoben, erhielt mehr Rechte und wurde wichtiger. Vor Freude über den Sieg liefen die Einwohner auf die Straßen – und die Kinder schlugen Rad. Graf Adolf von Berg versprach ihnen, am Rheinufer das Radschlagen mit einem Pfennig zu belohnen. Das war damals ein Geldstück.

Eine andere Geschichte erzählt von einer Hochzeitskutsche und einem Jungen, der ihr kaputtes Rad ersetzte. Und zwar durch sich selbst. Er soll das Rad festgehalten und mit seinem eigenen Körper die kaputten Radspeichen ersetzt haben, wie ein lebendiges Kutschrad. Ob das stimmt? Schwer vorstellbar. Sicherer ist, dass Anfang des 20. Jahrhunderts immer mehr Besucher in die Messestadt Düsseldorf kamen.

Das RADSCHLÄGERTURNIER findet vor den Sommerferien statt.
www.alde-duesseldorfer.de

Damit ihnen beim Warten an den Kassenhäuschen nicht langweilig wurde, schlugen die Kinder ihre Räder.

Das in der Welt einmalige Radschlägerturnier wird seit mehr als 40 Jahren von der Alde Düsseldorfer Bürgergesellschaft 1920 e.V. organisiert. Etwa 1000 Kinder machen mit. Frag doch mal deine Klassenlehrerin oder deinen Klassenlehrer, ob ihr mitmachen könnt. Denn die Anmeldung zur Teilnahme erfolgt über deine Schule. Zuschauen kannst du natürlich einfach so. Denn dieses Turnier ist etwas Besonderes!

Ab acht Jahren kannst du mitmachen !

Skaten im Ulenbergpark, oder:
WER IST EIGENTLICH OLLIE?

Anfangs ist es beim Skateboardfahren schon gut, wenn du dich auf dem Brett hältst und irgendwie vorankommst, ohne ständig abspringen zu müssen oder runterzufallen. Wenn du aber sicherer geworden bist, ist es Zeit für den Skatepark. Und für ein Treffen mit Ollie.

Mit dem Skateboard Hügel runtersausen, über Hindernisse springen oder auf Kanten gleiten – in der Skateranlage im Ulenbergpark hast du beste Voraussetzungen dafür. Die etwas schmucklose Betonlandschaft ist ein kleines Paradies für jüngere und ältere Skater. Der glatte Boden ist ideal zum Fahren. Für Anfänger gibt es flache und kleinere Hindernisse, für Profis höhere und für BMXler extra Holzrampen. Ob mit Board, Inlinern oder auch BMX-Rädern – hier hast du auf Rollen und Rädern der verschiedensten Größen Spaß und die Chance, Neues auszuprobieren. Zum Beispiel den Ollie. Das ist ein Trick wie Kickflip und Boneless.

Springen üben

Mit dem Ollie kannst du loslegen. Er ist der erste Schritt in die Sprungtechnik beim Skateboarden. In die Knie, Druck verlagern, Board anstupsen, abheben und landen. Mit Worten lässt sich der Ollie eher schwer erklären. Am besten klappt es durch Abgucken und Ausprobieren. Im Skatepark findest du bestimmt jemanden, der dir den Trick erklärt. Auch das Zuschauen macht Spaß, vor allem da, wo es die hohen Rampen

**FREIZEITPARK
ULENBERGSTRASSE**
Ulenbergstraße 5

40223 Düsseldorf
Tel. (02 11) 15 25 20

und Plattformen gibt. Hier treffen sich Jugendliche, die Combos probieren. Sie kombinieren mehrere Tricks blitzschnell hintereinander. Wenn du eifrig übst, ist es nicht mehr weit bis zur Halfpipe. Das ist eine halbe, oben offene Röhre, auf der du mit Schwung und Tricks fahren kannst. Eine Halfpipe gibt es hier zwar nicht, dafür im neuen Skatepark in Eller, der im Dezember 2017 eröffnet werden soll. Doch egal, wo: Denk immer an Schutzkleidung und Helm – das ist zwar manchmal lästig, schützt aber vor Verletzungen.

Der umliegende Ulenbergpark bietet noch mehr

33

Freizeithalle Mensch, oder: WAS BEDEUTET BUNT KLETTERN?

Der Weg vom Strand bis zu den Bergen ist hier nicht weit. Neben einer großen Sandfläche, wo du Fußball, Volleyball oder Fangen spielen kannst, gibt es einen Kletterbereich. Ob barfuß im feinen Sand oder mit Kletterschuhen, in der Freizeithalle Mensch kannst du dich auf unterschiedliche Weise austoben und ausprobieren.

Klettern ist wie krabbeln, nur in der Senkrechten. Krabbeln auf allen vieren, aber nicht am Boden, sondern an der Wand. Also linkes Bein, rechter Arm und rechtes Bein, linker Arm. Immer abwechselnd. Dieser Wechsel ist gut für deine Muskeln und Sehnen. Besonders für den Rücken, der das viele Sitzen in der Schule und am Schreibtisch gar nicht mag. Zum Krabbeln kommt das Kribbeln. Und zwar das Kribbeln im Bauch, wenn du immer höher steigst. Zehn Meter hoch ist die Kletterwand in der Halle Mensch, mehr als dreimal so hoch wie das 3-Meter-Brett im Schwimmbad. Profis klettern sogar Routen an der Wand. Das heißt, sie nehmen nur eine bestimmte Farbe von den an der Kletterwand angebrachten Griffen. Zum Beispiel nur die blauen. Oder die roten. Die Farben stehen für verschiedene Schwierigkeitsgrade. Die Griffen sind so angebracht, dass es mal mehr oder weniger schwierig ist, die Wand hochzukommen.

Für starke Muskeln

Einfacher ist es auf jeden Fall, bunt zu klettern. Das heißt, am Anfang brauchst du nicht auf die Farben der Griffe zu achten. Egal, welche Farbe, du nimmst den Griff, der am besten zu erreichen ist. Hauptsache, du kommst nach oben. Denn ganz so leicht wie das Krabbeln am Boden ist die Klet-

terei nicht. Du selbst musst ja deinen Körper tragen. Und auf einmal spürst du Muskeln, die du sonst vielleicht gar nicht spürst. Sie sind herausgefordert, dein Körpergewicht zu halten. Natürlich unterstützt durch die Haltegriffe und das Sicherungssystem. Du bist die ganze Zeit angeseilt und gesichert.

Etwas anstrengender ist das Bouldern. Hier fällt die Sicherung am Seil weg, deswegen geht es im Boulder-Bereich auch nicht so hoch hinauf. Boulder heißt auf Englisch Felsbrocken. Diese Kletterart kommt aus der Natur, dort werden Felsbrocken erobert. Die Freiluft-Boulderer müssen ihr crashpad mitnehmen, ihre Matte, auf die sie abspringen können. In der Halle Mensch ist der gesamte Boulder-Bereich mit superdicken Matten gepolstert. Du landest weich. Trotzdem Vorsicht beim Abspringen – immer mit den Füßen voran.

Chalk ist Kreide für griffige Finger

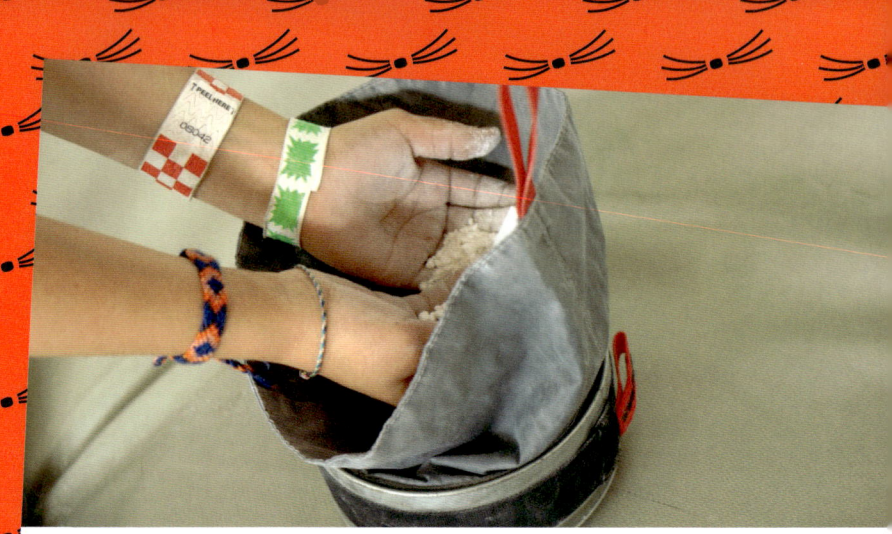

Sprung in die Tiefe

Dann gibt es noch den Monster Jump, den Monster-Sprung. Um ihn zu erleben, musst du erst einmal wieder hoch hinauf. Dieses Mal geht es im Inneren der Kletterwand – sie hat einen breiten Hohlraum – auf Sprossen nach oben bis zu einer kleinen Aussichtsplattform. Von dort balancierst du über einen leicht ansteigenden Schwebebalken. In acht Metern Höhe! Aber keine Angst, du bist ja gesichert. Wenn du das geschafft hast, erreichst du eine breitere Plattform. Von dort ragt ein schmales Holzbrett über den Sandbereich. Und sollte es in deinem Bauch bis jetzt noch nicht gekribbelt haben: Hier oben wird es garantiert für jeden spannend. Holzbretter können beim Betreten schon mal knarzen und ein wenig wippen – und dieses hier ist deutlich schmaler als das Sprungbrett im Schwimmbad. Und höher. Zehn Meter geht es von hier runter.

Einen Schritt nach vorne musst du dich trauen für den Monster Jump. Dann saust du in die Tiefe und pendelst in langem Schwung aus, immer gesichert durch deinen Sicherungsgurt. Ein Kick, der dir bestimmt Spaß macht. Und der dir zeigt, was du alles kannst.

HALLE MENSCH
Posener Straße 156
40231 Düsseldorf

Tel. (02 11) 29 36 88 10
www.hallemensch.de

Auch Wasser kann klettern. Das nennt man Kapillareffekt. Den hast du bestimmt schon mal bemerkt, als du eine Apfelsaftschorle mit Strohhalm getrunken hast. Kapillare sind nämlich enge Röhrchen. So wie ein Strohhalm. Wasser besitzt die Eigenschaft, in engen Hohlräumen oder Röhren nach oben zu steigen. Probiere es aus: Nimm ein Glas mit Wasser und stell einen möglichst durchsichtigen Strohhalm hinein. Du kannst auch dunkle Flüssigkeit wie Traubensaft oder Tee verwenden, dann siehst du das Ganze wahrscheinlich besser durch den Strohhalm. Wie hoch steigt die Flüssigkeit im Strohhalm? Genau, höher als die Füllung im Glas. Das Wasser klettert also hoch, ohne dass du etwas tun musst. Das ist der Kapillareffekt.

Flüssigkeiten haben eine Oberflächenspannung. Du kannst sie testen, indem du ein Glas ganz vollmachst. Kurz bevor es überläuft wird sich die Flüssigkeit etwas nach oben wölben. Das Wasser hat Spannung. Etwas Ähnliches passiert im Inneren des Strohhalms. Nur deutlicher, weil die Röhre so eng ist. Wassermoleküle klettern an den Seitenwänden des Röhrchens nach oben und ziehen andere nach.

Toll beobachten kannst du diesen Effekt bei folgendem Experiment: Stelle zwei Gläser nebeneinander. In das eine kommt Flüssigkeit, das andere bleibt leer. Jetzt rollst du ein Blatt Küchenrolle eng zusammen. Du hängst das eine Ende in die Flüssigkeit, das andere in das leere Glas. Es dauert ein bisschen, aber nach einiger Zeit kannst du sehen, dass die Flüssigkeit gewandert ist. Über die Küchenrolle steigt sie hoch und landet in dem zuvor leeren Glas. Bis sich in beiden Gläsern gleich viel Flüssigkeit befindet.

EXPERIMENT

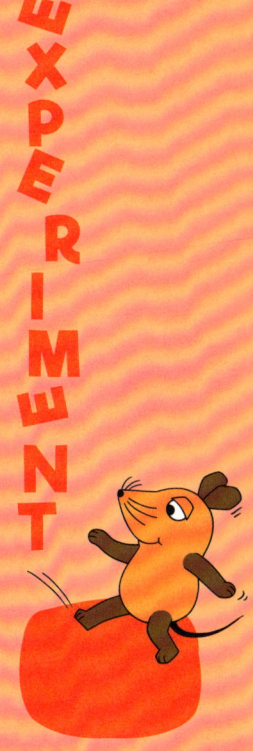

34

Strandbad Lörick, oder:
WARUM FRIERST DU SCHNELLER, WENN DIE HAUT NASS IST?

Richtige Freibad-Wetter-Tage gibt es in Düsseldorf nicht allzu viele. Deswegen nutze die heißen Sommertage aus und schlage deiner Familie doch mal wieder das Schwimmen im Freien vor. Besonders schön ist das im Strandbad Lörick in Rheinnähe. Sogar ein Flussarm gehört hier zum Gelände.

Schön ist schon der Weg hierher. Am besten verbindest du den Freibadbesuch mit einer Radtour. Das Schwimmbad liegt direkt am Löricker Deich.

Früher war hier ein Baggerloch. Als Düsseldorf nach seinem ersten Freibad in Flingern ein zweites bauen wollte, wurde dieses Baggerloch zunächst mit Stegen und Balken umfunktioniert. Doch die Geschichte dieses Schwimmbeckens war kurz. Schon nach vier Jahren musste es geschlossen werden, weil die Wasserqualität nicht gut genug war. Anfang der 70er Jahre wurde dann das richtige Freibad eröffnet. Ob Sportpool oder Planschbecken, großes Nicht-Schwimmerbecken oder Kinderbereich – kühles Nass findest du hier umgeben von einer großen Liegewiese mit etlichen Schattenplätzen unter Bäumen oder Sonnensegeln. Und das Besondere? Ein Rheinarm ist in das Freibad eingebettet. Hier kannst du zwar nicht direkt baden, aber am Strand liegen, Ball spielen oder die Füße abkühlen.

Kühles Nass

Im Wasser war es gerade noch schön, aber beim Rauskommen fängt das Frieren an. Das Gefühl kennst du bestimmt.

Info

FREIBAD LÖRICK
Niederkasseler Deich 285
40547 Düsseldorf

Tel. (02 11) 95 74 55 55
ww.baeder-duesseldorf.de

Warum ist das eigentlich so? Warum frierst du mit nasser Haut schneller an der Luft als mit trockener Haut? Das hat mit der Verdunstung auf der nassen Körperoberfläche zu tun. So nennt man den Vorgang, wenn die Wassertropfen auf deiner Haut zu Wasserdampf werden. Deine Haut wird dadurch trockener. Aber diese Verdunstung braucht Energie, also Wärme. Durch die Wärme verdunstet das Wasser auf deiner Haut und wird gasförmig: Dabei entzieht die Wasserschicht deinem Körper Wärme. Und du frierst. Dagegen hilft nur, sich ganz schnell abzutrocknen.

Pack die Badehose ein !

35

Magst du Fußball? Guckst du manchmal ein Bundesliga-Spiel im Fernsehen? Bist du Fortuna-Fan? Wenn du nur eine dieser Fragen mit Ja beantwortest, bist du im Stadion richtig. Vom Familienblock aus kannst du Fußball live erleben. Und mitfiebern, ob die Düsseldorfer Mannschaft gewinnt.

Der Name des Düsseldorfer Fußballvereins Fortuna kommt ursprünglich aus dem Latein. Und bedeutet Glück. Mit Glück wirst du auch einen guten Platz im Stadion finden. Knapp 55.000 Zuschauer passen hinein. Es müsste also jeder zehnte Düsseldorfer kommen, damit alle Plätze gefüllt sind. Ganz voll ist es aber nicht oft, trotzdem kann die Stimmung klasse sein. Das beginnt schon vor Spielbeginn. Da macht der Stadionsprecher Laune. Bei der Mannschaftsaufstellung ruft er nur die Vornamen der Spieler. Und alle im Stadion ergänzen lautstark die Nachnamen.

Vielleicht staunst du über die Fans auf den Stehplätzen mit ihren Schriftzügen auf Bannern. Vielleicht bist du auch beeindruckt von der Größe des Stadions. Vielleicht wunderst du dich, wie klein die Spieler auf dem Feld wirken. Die Spannung im Publikum steigt mit jeder Torchance. Willst du mal ganz laut rufen und anfeuern, dann bist du hier richtig. Und wenn die Fortuna ein Tor schießt, ist der Jubel groß. Besonders schön ist es natürlich, wenn sie ein Spiel gewinnt.

Ein Glückskind ist die Fortuna-Mannschaft trotz ihres Namens nicht unbedingt. Sie hat von der ersten bis zur vier-

DÜSSELDORFER TURN- UND SPORTVEREIN FORTUNA 1895 E. V.

Toni-Turek-Haus
Flinger Broich 87
40235 Düsseldorf

Tel. (02 11) 23 80 10
www.f95.de

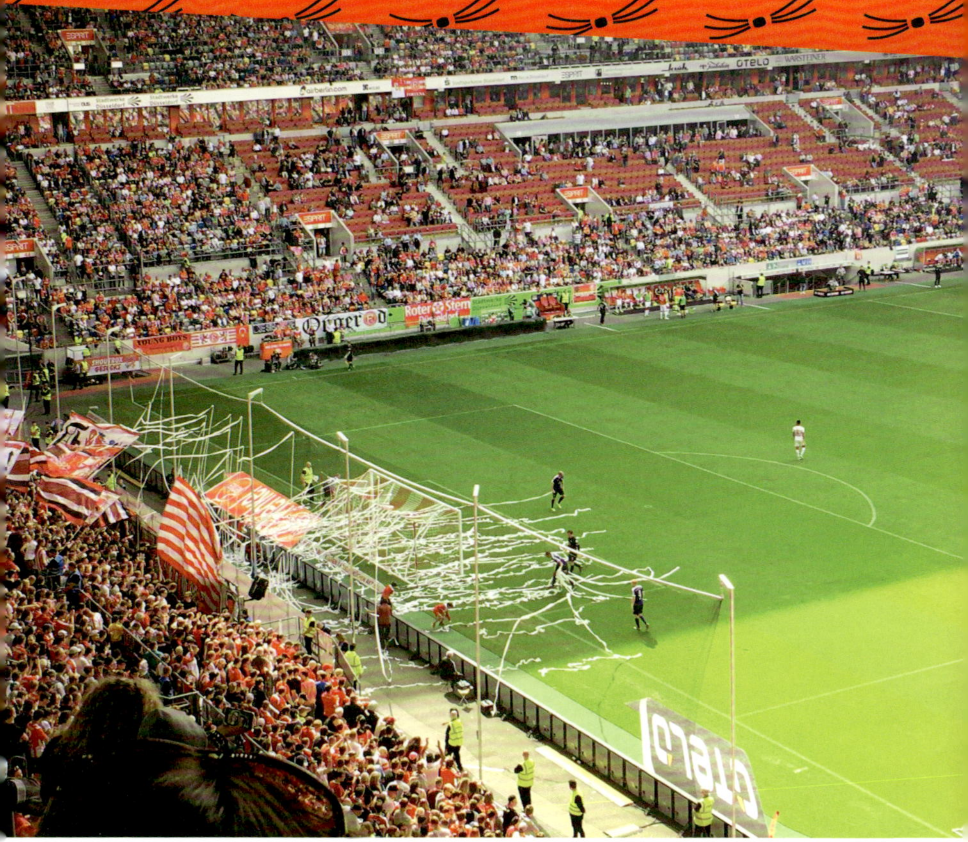
ESPRIT
Roter Stern

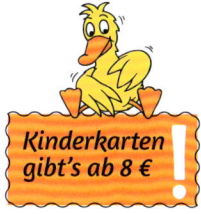

ten Liga überall gespielt. Aufstieg, Abstieg – alles schon da gewesen. Aber ein wahrer Fan hält zu seinem Verein. Gewinnen ist immer leichter als zu verlieren.

Ein Fortune wurde 1954 durch den ersten WM-Sieg Deutschlands weit über Düsseldorf hinaus bekannt: Toni Turek. Mit 35 Jahren stand er als ältester Spieler des Turniers im Tor. Und glänzte durch zahllose Paraden, die Deutschland zum Sieg verhalfen. Im Radio-Live-Bericht machte ihn der Hörfunkreporter voller Überschwang zum Fußballgott. Er wählte diese etwas ungewöhnliche Bezeichnung, weil er so begeistert von Tureks Können war, den Ball zu halten. Die Fortuna benannte das Clubheim am Flinger Broich nach ihm.

Kinderkarten
gibt's ab 8 €
!

36

Abenteuerspielplatz Eller, oder:
WO KANNST DU DEN WILDEN WIDDER RUNTERSAUSEN?

Ein Spielplatz mit Kletterturm, Matschbereich und Bretterbuden, an denen du selber weiterbauen kannst. Außerdem leben hier viele Tiere, und oft brennt ein Lagerfeuer. Das alles ist umgeben von hohen Bäumen und trotzdem nah an der Stadt. Klingt das gut? Dann musst du den Abenteuerspielplatz Eller kennenlernen.

Der ASP Eller, wie er abgekürzt heißt, ist mehr als ein typischer Spielplatz mit Klettergerüst, Schaukel und Rutsche. Hier findest du vor allem Selbstgebautes und kannst viel ausprobieren. So sind die Holzbuden über die Jahre aufgebaut, abgebaut, umgebaut worden. Entweder nutzt du sie zum Klettern und Verstecken. Oder du baust mit anderen Kindern weiter daran. In einer Werkstatt lernst du den Umgang mit der Stichsäge und einer Bohrmaschine. Erwachsene Betreuer zeigen dir die elektrischen Geräte und geben Tipps. Der ASP wird von einem Verein organisiert. Deswegen ist er auch nicht durchgehend geöffnet. An den Wochentagen kannst du nachmittags vorbeikommen.

Das Gelände findest du am Rande des Schlossparks Eller. Hier wartet ein Spielturm mit zwei Etagen darauf, erklommen zu werden. Runter geht's über eine luftig hohe Stange als Trockenübung für zukünftige Feuerwehrmänner und -frauen. Oder du saust auf der Rollenbahn den Wilden Widder runter. Du sitzt in kleinen Holzautos mit Widderkopf – vorwärts oder rückwärts geht es hinab. Hast du genug getobt und geklettert, magst du vielleicht bei den Tieren

Info

ABENTEUERSPIELPLATZ ELLER
Heidelberger Straße 46
40229 Düsseldorf

Tel. (02 11) 22 45 41
www.asp-eller.de

vorbeischauen. In Gehegen leben Schafe, Ziegen, Kaninchen und Meerschweinchen. Oft gibt es süßen Nachwuchs. Falls du überlegst, ein eigenes Haustier anzuschaffen, kann deine Familie hier sogar eines kaufen. Jeder Tag ist anders auf dem ASP Eller. Manchmal wird gemeinsam gekocht, manchmal geht es bei Kletteraktionen Bäume hinauf, manchmal gibt es eine Kirmes. Und immer ist es ein kleines Abenteuer auf einem besonderen Stadtspielplatz.

Noch mehr Abenteuer-spielplätze in Ober-kassel und Mörsenbroich

37

Rheinpark Golzheim, oder:
WIE KAM DÜSSELDORF ZU SEINEM RASEN-PLATZ AM UFER?

Offiziell heißt die Fläche Rheinpark. Aber eigentlich spricht jeder von den Rheinwiesen. Gemeint ist die Rasenfläche entlang der Cecilienallee. Hier ist viel Platz zum Picknicken und Fußballspielen. Von der Promenade hast du einen prima Blick auf die Düsseldorfer Skyline und auf die Rheinschiffe.

Jüngere Kinder zieht es auf den vor wenigen Jahren neu gestalteten Spielplatz mit Trampolin, Klettergerüst und Schaukeln. Er liegt am Anfang der Rheinwiesen, wenn du von der Innenstadt aus herkommst. Bäume spenden Schatten, sodass man auch bei warmem Wetter lange bleiben kann. Und wenn es auf dem Spielplatz zu voll wird, oder du eher Platz zum Ballspielen brauchst – dann hast du auf der Rasenfläche ausreichend Platz. 24 Hektar sind es insgesamt, also ungefähr 50 Fußballfelder nebeneinander.

Ausstellungsfläche für die Wirtschaft

Gestaltet wurde der Rheinpark vor etwa 100 Jahren. Davor hieß das Gebiet Golzheimer Insel, weil der Rhein es zeitweise von beiden Seiten umfloss. Anfang des 20. Jahrhunderts brauchte man Platz für eine große Ausstellung: die Industrie- und Gewerbeausstellung Düsseldorf. Damals zeigte man technische Neuerungen, was in den wichtiger werdenden Fabriken hergestellt wurde, aber dazu auch Kunstwerke. Die große Ausstellung besuchte nicht nur der deutsche Kaiser, sondern auch fünf Millionen Menschen aus aller

Info

RHEINPARK GOLZHEIM
zwischen Cecilienallee und Robert-Lehr-Ufer
40474 Düsseldorf

Welt. Dafür wurde das Rheinufer neu gestaltet. Die sumpfige Golzheimer Insel wurde trockengelegt und aufgeschüttet. Zuvor war sie oft überflutet worden. Noch heute schützt die Kaimauer den höher gelegenen Rheinpark vor Hochwasser.

Sturm Ela knickte Bäume

An einem Abend im Frühling 2014 verlor der Rheinpark mehr als die Hälfte seiner Bäume. Ein Gewitter mit Orkanböen zog über Düsseldorf hinweg: Der schwere Sturm entwurzelte Bäume, knickte starke Äste und zerstörte die über Jahrzehnte gewachsene Allee am Rande des Parks. Dank der Neupflanzungen in den folgenden Monaten ist der Rheinpark wieder so schön wie vorher. Übrigens gibt es Rheinwiesen auch auf der anderen Seite Düsseldorfs, vor Oberkassel. Und da begegnet dir schon mal eine Schafherde.

Der Park steht unter Denkmalschutz!

38 Deutsches Tischtennis-Zentrum, oder: WIE SCHNELL FLIEGT EIN SCHMETTERBALL?

Der erfolgreichste deutsche Tischtennisprofi kommt aus Düsseldorf. Er spielt im erfolgreichsten Tischtennisverein Deutschlands, der Borussia Düsseldorf. Und 2017 fand zum ersten Mal die Tischtennis-Weltmeisterschaft in Düsseldorf statt. Drei Dinge, die den Sport mit der Stadt verbinden. Und auch du kannst zum Tischtennis-Spieler werden oder bei einem Profi-Spiel zuschauen.

Timo Boll gehört zu den weltbesten Tischtennisspielern und hat schon viele Titel gewonnen. In China zählt er zu den bekanntesten Deutschen. Weil Tischtennis in China so beliebt ist wie bei uns Fußball. Timo Boll spielt bei Borussia Düsseldorf, dem Tischtennisverein mit den meisten Titeln Deutschlands. In der Tischtennishalle in Düsseldorf-Grafenberg kannst du bei Spielen zusehen und die besondere Stimmung erleben. Trotz der vielen Zuschauer ist es erstaunlich still. Das Plopp-Geräusch, wenn der Schläger den Ball trifft und der die Platte, wirkt dafür umso lauter. Die Augen sind im Dauereinsatz und verfolgen den Ball, der über die Platte saust. Bei einem Schmetterball können das bis zu 180 Stundenkilometer sein. Für den Gegenspieler heißt das, er hat nur eine halbe Sekunde Zeit, um an den Ball zu kommen.

Kids-open-Turnier

Ausprobieren kannst du Tischtennis auf öffentlichen Spielplätzen, auf denen Tischtennisplatten stehen. Oder du spielst

Info

DEUTSCHES TISCHTENNIS-ZENTRUM
Ernst-Poensgen-Allee 58
40629 Düsseldorf

Tel. (02 11) 99 17 90
www.borussia-duesseldorf.com

in einem der 50 Vereine, die Trainings anbieten. Dort lernst du Schlagtechniken wie Topspin, Flip und Ballonabwehr.

Der Verein Borussia Düsseldorf organisiert jedes Jahr im Sommer das größte europäische Tischtennisturnier im Nachwuchsbereich. Für drei Tage verwandelt sich die Sporthalle am Arena-Sportpark in ein Tischtennisplatten-Meer. Etwa 1500 Kinder aus aller Welt nehmen an den Wettkämpfen teil. Wenn du im Verein spielst, kannst du womöglich auch bald an dem Turnier teilnehmen.

Timo begann mit vier, Tischtennis zu spielen!

2017 war ein besonderes Jahr für Düsseldorfs Tischtennisszene – hier fand die Weltmeisterschaft statt. Dafür wurden sogar Messehallen umgewandelt. Tischtennisplatten kann man ja überall aufstellen. Wo Platz ist. Natürlich auch im eigenen Garten.

Wakebeach 257, oder:
HAST DU SCHON MAL VON EINEM HEBLER GEHÖRT?

Sich auf einem Brett fortbewegen macht Spaß. Mit dem Skateboard ist es am unkompliziertesten. Für das Snowboard brauchst du Schnee und Pisten. Und im Sommer kommt das Wakeboard dran. Hiermit gleitest du übers Wasser. Das geht in speziellen Anlagen wie dem Wakebeach 257 am Straberger See.

Wakeboarden ist eine Mischung aus Wasserskifahren und Wellenreiten. Mit einer Art Seilbahnanlage wirst du auf einem Brett stehend übers Wasser gezogen. Klingt einfach, ist es aber nicht. Vor allem am Anfang wird es nass. Weil es ganz schön schwierig ist, sich auf dem Wakeboard zu halten. Wenn das Seil beim Anfahren loszieht, geht es los. Ein häufiger Anfängerfehler ist dabei, dass man fast automatisch die Arme mit dem Seil an den Körper ziehen will. Sie müssen aber gestreckt bleiben, sonst kommst du nicht gut in Fahrt. Und der Körper muss leicht nach hinten geneigt sein. So klappt es am besten. Ein paar Meter auf dem Wasser zu gleiten, das ist für den Anfang schon super. Manche fallen direkt nach dem Start ins Wasser. Da brauchst du also etwas Durchhaltevermögen. Aber dann ist der Spaß umso größer.

Hilfe für Anfänger
Für den Einstieg ist die Anfängerbahn geeignet. Da ist immer nur ein Wakeboarder auf der Bahn. Auf dieser Bahn kannst mit der Leine rausgezogen werden, oder der Hebler

WAKEBEACH 257

Am Straberger See
41542 Dormagen

Tel. (0 15 1) 23 59 10 81
www.wakebeach.de

versucht, dich wieder aufs Brett zu bekommen. Wer das ist, ein Hebler? Ein Hebler steuert die Anlage. Und zwar mit Hebeln, daher kommt der etwas komische Name. Mit Hebeln stellt er die Geschwindigkeit ein und passt sie an dein Fahrkönnen an. Ist das besser geworden, kannst du irgendwann die große Bahn ausprobieren. Die mit den Hindernissen, in der Wakeboarder-Sprache obstacles genannt. 14 obstacles sind im Wakebeach 257 verankert.

Es macht auch Spaß, mit einer Limo im Liegestuhl den Profis zuzuschauen und ihre Salti und Sprünge zu bestaunen. Stand Up Paddling, also Paddeln im Stehen, ist ebenfalls möglich am Wakebeach. Du musst eine Schwimmweste tragen, denn der Straberger See ist eine Kiesgrube und mit knapp 20 Metern Wassertiefe mehr als zehnmal so tief wie die meisten Freibäder. Der Wakebeach liegt an der Ausfahrt 25 an der A57. Daher die 257 im Namen.

Schwimmen ist im Strandbad nebenan möglich

Hochseilgarten querfeldein, oder:
WIE FÜHLT SICH SCHWEBEN AN?

Im Hochseilgarten bist du ganz weit oben. Ungefähr so hoch wie eine Wohnung im dritten Stock. Du schwebst in der Luft, gesichert an Seilen. Es fühlt sich ein bisschen an wie Fliegen oder Achterbahnfahren. Vielleicht auch wie das Schaukeln ohne Schaukel.

Und hier oben versuchst du vorwärtszukommen. Im Hochseilgarten querfeldein ragen Holzstämme in die Luft, die über einen Parcours miteinander verbunden sind. Beim Überqueren der Hindernisse ist nur der Himmel über dir und der Boden tief unten. Ganz tief unten. Ein bisschen Angst kann dazugehören, wenn du in die Höhe dieses besonderen Gartens steigst. Bei den Activity Parcours, den Rundgängen im Hochseilgarten, ist nicht nur die Höhe eine Herausforderung, das sind auch die verschiedenen Übungen. Stets gilt es, von Stamm zu Stamm zu gelangen. Mal sitzt du dabei auf einer Seilbahn und schwingst auf die andere Seite, mal balancierst du vorsichtig auf einem Seil. Mal mit einem Skateboard, mal eine Kletterwand entlang. Vielleicht wird dir etwas mulmig. Das Tolle ist: Es wird besser mit der Zeit. Und du merkst beim Ausprobieren, was du alles kannst.

Gut gesichert

Jeder Mensch hat Angst vorm Fallen. Diese Angst ist angeboren, bei dem einen stärker, beim anderen weniger stark ausgeprägt. Im Hochseilgarten kannst du die Angst aus-

Info

HOCHSEILGARTEN QUERFELDEIN
Am Kleinforst 260
40627 Düsseldorf

Tel. (02 11) 47 47 67 80
www.hochseilgarten-duesseldorf.de

tricksen. Denn Fallen geht ja nicht: Du bist super gesichert durch Klettergurt und Seile. Selbst wenn du fallen würdest: Es gäbe immer einen Halt. Außerdem ist stets ein Trainer in der Nähe. Die Querfeldein-Teamer kommen mit in die luftigen Höhen und helfen dir, sollte es nicht weitergehen. Mit Geschicklichkeit, Kraft und sportlichem Einsatz kannst du die Activity Parcours meistern. Und am Ende fühlst du dich, gerade dann, wenn du dich ein wenig überwinden musstest, mutiger und stärker.

Abwärts geht es über eine lange Seilbahnrutsche. Unten auf der Erde warten weitere Überraschungen. Zum Beispiel eine Riesenschaukel. Mit deinem Sicherungsgurt wirst du in eine besondere Vorrichtung eingehängt und nach oben gezogen. Dann kribbelt es im Bauch, und du saust mit großen Schaukelbewegungen durch die Luft.

Nimm deine Eltern mit in die Höhe

41

Wasserspielplatz Südpark, oder:

WO SPUCKEN DRACHEN WASSER?

In Düsseldorf gibt es mehr als 400 Spielplätze. Der Wasserspielplatz im Südpark ist ein besonderer, weil bei ihm Spielgeräte und kühles Nass eine perfekte Mischung eingehen. Ein toller Tipp für einen warmen Sommertag.

Ein gestrandetes Piratenschiff will erobert werden. Eine Wasserrutsche an einem nachgebauten Vulkan lädt zum Runtersausen ein. Ein großer Drache ist gespickt mit Düsen und Fontänen – und spuckt kein Feuer, sondern Wasser. Du kannst durch sprudelnde Wasserstrahlen rennen oder das Düsenfeld ausprobieren. Hier sprühen feine Düsen Wasser aus dem Boden. Oder du kühlst dir in den Wasserbecken immer wieder deine Füße ab. Deine Eltern können es sich währenddessen auf Liegestühlen unter Palmen am Strand bequem machen. Den gibt es hier auch – am Rande des Spielplatzes. So wird ein Ausflug zum Wasserspielplatz zu einem Urlaubstag für die ganze Familie. Ihr solltet nur darauf achten, dass gutes Wetter ist. Denn das Wasser fließt hier nur, wenn es warm genug ist.

Erbe der Bundesgartenschau

Der Strand geht in große Wiesen über. Die bieten viel Platz zum Kicken und Picknicken, zum Federball- oder Frisbeespielen. Und zum Balancieren auf einer Slackline oder zum Inlineskaten. Denn der Park im Süden Düsseldorfs hat noch so manches mehr zu bieten als den Wasserspielplatz: ein Labyrinth, wunderschöne Blumenbeete und dazu Wege, die zu

WASSERSPIELPLATZ EMMASTRASSE IM SÜDPARK

Emmastraße
40474 Düsseldorf

kleinen Radtouren quer durch den größten Park in Düsseldorf einladen.

Der Park in seiner ganzen Größe entstand zur Bundesgartenschau 1987. Diese Ausstellung findet alle zwei Jahre in einer anderen Stadt Deutschlands statt und gezeigt werden Blumen, Parkbepflanzungen, Gartengestaltungen. Heute profitieren die Düsseldorfer immer noch von der Bundesgartenschau 1987, weil der Park seitdem zu einem wichtigen Freizeitort geworden ist.

Der Südpark wird übrigens immer noch BUGA-Park genannt. BUGA ist die Abkürzung für Bundesgartenschau. Der Wasserspielplatz befindet sich im älteren Teil des Parks, dem Volksgarten. Ihn gab es bereits vor der Bundesgartenschau.

Der Sommer-Tipp

125

42

Eisstadion Brehmstraße, oder:
WIE KOMMT DAS EIS INS STADION?

Bevor nach den Sommerferien die Eislaufsaison startet, muss eine Eisfläche her. Und zwar eine große. Damit das Eislaufen Spaß macht und die Düsseldorfer Eishockeymannschaften professionell gegeneinander antreten können. Dafür arbeiten die Kälteanlagen im Eisstadion an der Brehmstraße auf Hochtouren.

Unter dem Betonboden in der Eissporthalle verlaufen dünne Röhrchen. Ziemlich viele. 22 Kilometer Rohrleitungen liegen insgesamt unter der Erde. Das ist ungefähr so lang, als würdest du einmal vom Düsseldorfer Norden in den Süden der Stadt fahren. Die Leitungen werden mit Kühlmittel gefüllt und liegen dicht an dicht mit wenigen Zentimetern Abstand. Das ist notwendig, damit eine regelmäßige Eisfläche entstehen kann. Anfangs wird der Betonboden abgekühlt. Damit der Beton nicht reißt, muss das ganz langsam, über mehrere Tage hinweg, passieren.

Kältemaschine im Einsatz

Im Sommer kann da schon mal ein Temperaturunterschied von 30 Grad zu überbrücken sein, von Sommer- auf Wintertemperatur. Haben es die Kälteanlagen geschafft, den Boden auf minus 10 Grad zu kühlen, kommt das erste Wasser zum Einsatz. Mit einem Wasserschlauch wird der gekühlte Boden angespritzt. Schnell friert das Wasser zu einer ersten Schicht. Sie ist noch ganz dünn, nur einen halben Zentimeter hoch. Jetzt kommt eine Schicht mit hellem Farbstoff. Von alleine kriegen die Eisbahnen nämlich nicht ihre typische weiße Farbe. Dann noch eine Wasser-, also Eisschicht, und noch eine. Mindestens drei Zentimeter dick muss die Eisdecke werden, sonst ist sie nicht stabil genug. Das dauert ungefähr zwei Wochen. Schließlich kann es losgehen mit dem Schlittschuhlaufen.

Hier trainieren Eishockeyspieler

Vielleicht kommst du auch mit deiner Klasse zum Eislauftraining. Viele Düsseldorfer Schulen nutzen das Stadion in der Brehmstraße für einen etwas anderen Sportunterricht. Da hier die Vereine der DEG, der Düsseldorfer Eislauf Gemeinschaft, trainieren, sind die öffentlichen Eislaufzeiten eingeschränkt. Denn neben dem Training finden auch Spiele und Turniere der DEG-Jugendmannschaften statt. Die Profis jagen den Puk, eine kleine Gummischeibe, dagegen in der Multifunktionshalle ISS-Dome über das Eis. 2006 wechselte man für die Spiele in die komfortablere, größere Halle. Trainiert wird aber immer noch in der Brehmstraße.

Die öffentliche Eislaufzeit beginnt im Herbst

127

Die Fans von früher erinnern sich gerne an die besondere Stimmung in der Brehmstraße. Als sie noch nicht überdacht war, wurde sogar mal ein Feuerwerk gezündet. Das war, als die DEG zum ersten Mal die Deutsche Meisterschaft gewann. Lange Jahre war dieses Stadion die größte Eissporthalle Deutschlands. Und dreimal fand hier sogar die Eishockey-Weltmeisterschaft statt. Bis 1995 gab es auch eine Eislaufbahn im Freien. Doch die lohnte sich nicht: Der Düsseldorfer Winter ist nicht kalt genug, und das viele Laub der umliegenden Bäume machte den Betreibern zu schaffen. Stattdessen gibt es seit 2004 eine zweite Trainingshalle.

Die Eisflächen brauchen natürlich Pflege. Dafür sorgt eine Eismaschine, die mehrmals am Tag übers Eis fährt. Sie glättet den Boden und gleicht Unebenheiten aus. Mit warmem Wasser. Das schmilzt dann die Schneekristalle auf, die sich durch das Kratzen der Kufen auf dem Eis bilden. Aufgeschmolzen verbinden sie sich wieder besser mit dem Umgebungseis: Die Eisfläche ist wieder spiegelglatt. Und so kannst du ungehindert deine Bahnen ziehen.

Info

**EISSPORTHALLE
BREHMSTRASSE**
Brehmstraße 27

40239 Düsseldorf
Tel. (02 11) 8 99 53 20 (Infoansage)

Die eine Eissporthalle am Brehmplatz ist ein halb offenes Gebäude ohne Klimaanlage. Wenn Sonnenstrahlen durch eine Tribünenöffnung auf der Eisfläche landen, schmilzt das Eis an dieser Stelle. Die Eismaschine glättet es dann wieder. Im folgenden Experiment geht es darum, wie du Eis noch schneller zum Schmelzen bringen kannst.

Du benötigst Eiswürfel, zwei Untertassen und ein Glas. Leg auf jede Untertasse einen Eiswürfel. Über den einen Eiswürfel stülpst du nun das Glas. Der andere liegt einfach so auf dem Teller. Dann stellst du beide in die Sonne und beobachtest. Und welcher Eiswürfel schmilzt schneller? Du wirst feststellen, dass der Eiswürfel unter dem Glas keineswegs besser vor der Sonne geschützt ist. Er schmilzt sogar schneller, da sich die Sonnenwärme unter dem Glas staut und festgehalten wird. Dadurch erwärmt sich die Luft im Glas. Aus Eis wird Wasser.

Auch für das folgende Experiment brauchst du Eiswürfel. Und eine Schnur und Salz. Jetzt angelst du Eiswürfel. Wie das geht? Leg die Eiswürfel in ein Glas mit Wasser. Dann such dir einen der Eiswürfel aus. Leg das Ende der Schnur auf diesen Würfel und streue ein wenig Salz über das Schnurende. Jetzt musst du nur wenige Sekunden warten. Dann kannst du die Angelschnur anheben. Der Eiswürfel bleibt daran kleben, sodass du ihn rausziehen kannst. Was ist passiert? Das Salz sorgt dafür, dass das Eis an dieser Stelle schmilzt und löst sich im Schmelzwasser auf. Die geschmolzene Stelle wird noch einmal so kalt, dass sie wieder gefriert. Dafür sorgen die anderen kühlenden Eiswürfel im Wasser. Und das Schnurende friert mit ein: Dein Eiswürfel klebt an der selbst gebastelten Angel!

EXPERIMENT

43

KinderKinoFest, oder:
WAS MACHT EIN REGISSEUR?

Filme erzählen Geschichten. Spannende, unterhaltsame, lustige, manchmal auch traurige. Geschichten, die deinem Leben nah sind. In denen du dich wiederfindest. Oder solche, die dich in andere Welten entführen. Und die zeigen, wie es Kindern in anderen Ländern ergeht. Wie ihr Leben dort aussieht, sieht man beim KinderKinoFest Düsseldorf.

Ganz viele unterschiedliche Filme für Kinder gibt es beim KinderKinoFest (KiKiFe). Sieben Tage im Spätherbst kommt eine Auswahl in Düsseldorfer Kinos. Gezeigt werden Kinohits und Klassiker, Kurzfilme und solche, die es sonst oft gar nicht in die großen Kinos schaffen. Oft laufen sehr besondere Filme eher auf Festivals wie dem KiKiFe. Darunter auch Filme aus dem Ausland, die nicht auf Deutsch synchronisiert sind. Das heißt, sie werden in der Originalsprache gezeigt. Damit du trotzdem die Handlung verstehst, spricht eine Schauspielerin den Film live ein. Sie sitzt also auch im Kinosaal und leiht den Figuren auf der Leinwand ihre Stimme.

Alles rund um den Film
Bei der KiKiFe-Woche geht es nicht nur ums Filmeschauen. Es geht ums Mitmachen und um Aktionen rund um den Film. Deswegen findet das KiKiFe nicht nur im Kino, sondern auch in vielen Kinder- und Jugendfreizeiteinrichtungen statt. Hier bringen dich Workshops und Bastelaktionen der bunten Filmwelt näher. Wenn wir einen Film gucken, sehen wir das Ergebnis monatelanger Arbeit. Was alles dahin-

KINDERKINOFEST
Bertha-von-Suttner-Platz 1
40227 Düsseldorf

Tel. (02 11) 2 74 04 31 08f
www.kinderkinofest.de

tersteckt, erzählen die Regisseurinnen und Regisseure, die du auf dem Festival triffst. Das sind die Menschen, die sich überlegen, wie aus einem Drehbuch, das eine Geschichte erzählt, ein Film werden kann. Sie arbeiten mit einem großen Team zusammen. Dazu zählen die Schauspielerinnen und Schauspieler sowie die Masken- und Kostümbildner. Oder die Requisiteure, die den Drehort mit passenden Gegenständen ausstatten. Das Ergebnis dieser Teamarbeit kannst du in jedem Film beim KiKiFe sehen. Und den Filmemachern all deine Fragen stellen.

30 Kinofilme für vier- bis zwölfjährige Kinder

44

Classic Remise, oder:
WARUM HAT EIN AUTO PFERDESTÄRKEN?

Autos sind aus dem heutigen Leben nicht mehr wegzuden-ken. Vielleicht fährst du damit in den Urlaub und zur Oma. Orangen kommen per Lkw aus Spanien. Oft verstopfen zu viele Autos die Straßen. Und behindern dich manchmal beim Radfahren. Autos machen schlechte Luft — und sind gleichzeitig sehr praktisch. Die Classic Remise zeigt viele tolle alte Modelle.

Autos gibt es seit etwas mehr als 130 Jahren. Der Opa deines Opas ist vielleicht schon in einem Automobil gefahren. So nannte man die Autos früher. Automobil setzt sich zusam-men aus zwei Wörtern: dem griechischen autos und dem lateinischen mobilis. Das erste heißt selbst und das zweite beweglich. Mit einem Automobil waren die Menschen be-weglich – ohne die Hilfe von Pferden, die früher Kutschen zogen, in denen die Menschen saßen und in denen das Ge-päck transportiert wurde.

Auch wenn man keine Pferde mehr brauchte zur Fortbe-wegung: Die Leistung des Motors wurde dennoch weiterhin in Pferdestärken gemessen. Kurz gesagt in PS. Das ist die Maßeinheit für Leistung. Wie Meter eine Maßeinheit für Länge ist. James Watt, der Erfinder der Dampfmaschine, überlegte sich damals, wie man die Leistung eines Motors beschreiben kann. Und erfand die Pferdestärke. Eine Pfer-destärke entspricht der Leistung eines Arbeitspferdes, das in einer Minute ein Gewicht von 150 Kilogramm 30 Meter hochhebt. Das klingt kompliziert, wurde aber von James

CLASSIC REMISE
Harffstraße 110 a
40591 Düsseldorf

Tel. (02 11) 22 95 05 70
www.remise.de

Watt so festgelegt. Frag mal deine Eltern, wie viel PS, also wie viel Motorleistung, euer Auto hat. Wahrscheinlich deutlich mehr als der erste Motor mit weniger als einem PS.

Zeitreise mit Automodellen

Zwar kannst du in der Classic Remise nicht die allerersten Autos, die es gab, besichtigen, aber doch sehr alte. In einer riesigen, halbrunden Halle, wo früher Lokomotiven repariert wurden, ist eine der größten Oldtimer-Ausstellungen von ganz Deutschland untergebracht. Beim Betrachten merkst du schnell, dass sich das Aussehen und die Technik der Autos von damals bis heute stark verändert haben. Neben den fast 100 Jahre alten Automobilen stehen Motorräder und viele Sportwagen. Sie sehen schnittig, schick und schnell aus. Teuer sind sie alle. Und das Anfassen ist leider verboten. Was klar ist bei Kaufpreisen, die bis über eine Million Euro gehen. Aber auch das Anschauen macht Spaß.

Oldtimer sind alte Autos

45

Bücherbummel auf der Kö, oder:
SEIT WANN GIBT ES GEDRUCKTE BÜCHER?

Die Kö, die eigentlich Königsallee heißt, ist die bekannteste Straße Düsseldorfs. Sie liegt mitten in der Stadt, ist geteilt durch einen Wassergraben und auf beiden Straßenseiten finden sich viele Geschäfte. Einmal im Jahr verwandelt sie sich in eine kilometerlange Freiluft-Buchhandlung. Und zwar beim Bücherbummel.

Vier Tage lang dreht sich alles rund um das Buch. Ein Stand reiht sich an den nächsten. Bücher über Bücher. Und immer wieder sind auch Kinder- und Jugendbücher dabei. Verschiedene Buchhandlungen, Verlage und Literatur-Organisationen bestücken die langen Tische. Und im Schatten der Bäume lässt es sich wunderbar auf Bücherreise gehen. Vielleicht findest du Anregungen für neues Lesefutter. Oder du entdeckst den dritten Band deiner Lieblingsserie zu einem etwas günstigeren Preis als im Geschäft. Auf jeden Fall solltest du dich auf die Suche nach dem Kinder-Lesezelt machen. Dafür organisiert die Stadtbücherei Düsseldorf ein abwechslungsreiches Programm mit Vorlesestunden, Theateraufführungen und Bilderbuchkino. Hier kannst du auch Kinderbuchautoren treffen, die ihr neuestes Buch vorstellen und Autogramme geben.

Johannes Gutenberg und die Druckmaschine

Seit wann gibt es eigentlich gedruckte Bücher? Bevor der Buchdruck erfunden wurde, musste alles mit der Hand geschrieben werden. Das machten meist die Mönche in den

Info

BÜCHERBUMMEL AUF DER KÖ an vier Tagen im Juni
www.buecherbummel-auf-der-koe.de

Klöstern. Es dauerte sehr lange, bis ein Buch fertig war. Und es war sehr teuer. So richtig in Schwung kam die Buchherstellung mit Johannes Gutenberg. Er erfand um 1450 eine Maschine mit beweglichen Lettern. Das sind Buchstabenstempel, aus denen man die Wörter zusammensetzte. So ließen sich Texte immer wieder neu zusammenstellen. Und vervielfältigen. Vorher gab es zwar auch Drucke, aber dafür musste pro Seite eine feste Vorlage zum Beispiel in Stein geritzt werden. Das hatten die Chinesen schon vor Tausenden Jahren gemacht. In Europa versuchte man es deutlich später mit Holzschnittdrucken. Was alles viel aufwendiger war, als mit der Maschine von Johannes Gutenberg zu drucken.

Als erstes Buch wurde die Bibel gedruckt !

46

Junges Schauspiel Düsseldorf, oder:

WO KANNST DU VERSCHIEDENE WELTEN ERLEBEN?

Düsseldorf ist eine der wenigen Städte, die ein eigenes Theaterhaus für Kinder- und Jugendstücke haben: das Junge Schauspiel in der Münsterstraße in Rath. Mit zwei Bühnen und einem festen Ensemble. Also Schauspielerinnen und Schauspielern, die nur für die Kinder- und Jugendtheaterstücke proben und spielen.

Als das Haus in der Münsterstraße im Jahr 1993 eröffnet wurde, war das Junge Schauspiel schon fast erwachsen. Vorher spielte das Düsseldorfer Kinder- und Jugendtheater nämlich auf wechselnden Bühnen. In Turnhallen, Schulaulen oder im Haupthaus in der Innenstadt, dem Düsseldorfer Schauspielhaus am Gustaf-Gründgens-Platz. Nach 17 Jahren ging es dann in die feste Spielstätte in der Münsterstraße. Hier war eine ehemalige Fabrikhalle umgebaut worden. Mittlerweile ist das Junge Schauspiel über 40 Jahre alt. Gar nicht mehr so jung eigentlich. Es ist eines der führenden Theater Deutschlands für junges Publikum und weltweit gefeiert auf Gastspielen und Festivals. Gleichzeitig ist es direkt dran am jungen Publikum. Das wirst du erleben, wenn du eine der Aufführungen besuchst.

Geschichten hautnah

Wie ein Kinofilm regt das Theater zum Nachdenken an und erzählt ganz unterschiedliche Geschichten. Aber im Theater bist du näher dran. Am Schauspielerensemble und ihren

JUNGES SCHAUSPIEL
Münsterstraße 446
40470 Düsseldorf

Tel. (02 11) 8 52 37 11
www.dhaus.de

Figuren. An dem sich verändernden Bühnenbild. An der mal lustigen, mal traurigen, mal spannenden, mal albernen Geschichte. Du bist live dabei! Wirst unmittelbarer berührt. Fühlst, was da gerade auf der Bühne passiert. Denn du guckst den Schauspielern direkt ins Gesicht, erlebst, wie sie lachen oder weinen. Wie sie sich bewegen.

Vielleicht findest du deine eigenen Fragen, Erlebnisse, Ängste oder Träume in einem Stück wieder. Denn du kannst viel übers Zuschauen miterleben: Wie es ist, sich fremd zu fühlen oder mutig zu sein. Erlebst besondere Freundschaften oder komplizierte Familien. Kriegst Lust auf Neues oder erinnerst dich an unangenehme Erlebnisse. Das Junge Schauspiel erzählt von der Vielfalt der Welt – für Kinder vom Kleinkindalter bis zu Fast-schon-Erwachsenen.

Über 250 Veranstaltungen im Jahr !

47

Apfelfest im Apfelparadies, oder:

WARUM BRAUCHT DER OBSTBAUER BIENEN ?

Der Ur-Apfel stammt aus Kasachstan. In diesem Land in Zentralasien zwischen Russland und China wuchsen vor 5000 Jahren die ersten Apfelbäume. Aus dem kleinen, sauren Wildapfel sind mehr als 20.000 verschiedene Apfelsorten weltweit entstanden. Auf dem Apfelfest kannst du ein paar dieser Sorten probieren. Und noch viel mehr erleben.

Die verschiedenen Apfelsorten sind durch natürliche Entwicklung und durch Züchtungen entstanden. Ob süß oder säuerlich, rot oder grün, knackig oder zartschmelzend – erfrischend und gesund sind sie alle. Eine Besonderheit sind die noch wenig bekannten, rotfleischigen Sorten. Mit Fleisch haben sie natürlich nichts zu tun. Sie heißen so, weil das Apfelinnere – das Fruchtfleisch – mit roten Spuren durchzogen ist. Oder fast ganz rötlich schimmert. Dem Ur-Apfel aus Kasachstan sind diese Sorten auf jeden Fall ähnlicher als der knallgrüne Granny.

Eine selbst gezüchtete, rotfleischige Sorte hat Obstbauer Bernd Schumacher Königsapfel genannt. Angelehnt an den Standort seines ersten Hofladens in der Nähe der Königsallee in Düsseldorfs City. Sein Vater und er experimentieren besonders gerne mit seltenen Apfelsorten. Sie lassen sich gut verarbeiten zu Apfelsaft oder Apfelmus, das dann auch rot aussieht. Gemeinsam mit seiner Familie und seinen Mitarbeitern organisiert er in der Erntezeit ein großes Apfelfest in seinen drei Hofläden mit dem schönen Namen Apfelparadies.

Beim Apfelfest im Paradies dreht sich alles um die beliebteste Obstsorte der Deutschen. Auf einer Traktorfahrt durch die Plantagen siehst du so viele Äpfel, wie du in keinem Jahr essen könntest. Auch wenn du dir Mühe gibst und

jeden Tag einen Apfel isst. Weißt du eigentlich, wie viele Äpfel an einem einzigen Baum wachsen? Ungefähr 100! Und auf einer Plantage stehen etwa 3000 Bäume. Da kommt ganz schön was zusammen. Oder?

Familientag im Apfelparadies

Nach der Traktorfahrt geht es ans Ernten. Oder zum Armbrustschießen auf Äpfel. Oder du bastelst mit Äpfeln. Oder du machst mit beim Apfelschälwettbewerb. Hier zeigt sich, wer mit Geduld und Geschick die längste Apfelschale am Stück beim Schälen mit dem Messer hinbekommt. Vielleicht musst du dafür schon etwas älter sein und Übung im Schälen haben. Der Rekord liegt bei knapp vier Metern. Für Verpflegung ist natürlich auch gesorgt. Es gibt Apfelchips, Apfelsaftschorle und Apfelkuchen aus der hofeigenen Bäckerei. Zudem werden Kinderschminken, Hüpfburg und Ponyreiten auf dem Apfelfest angeboten.

Kasachstans Hauptstadt hieß Almaty, Stadt der Äpfel

139

Bienen und Hummeln als Mitarbeiterinnen

Äpfel oder Birnen gibt es übrigens nur, wenn Bienen und Hummeln helfen. Obstbauern nutzen sie zum Verteilen von Blütenstaub. Dafür werden die Bienen mitsamt Bienenstock vom Imker zum Obstbauern gebracht und in die gerade blühende Obstplantage gestellt. Dann geht es los, von Blüte zu Blüte. Die Bienen sammeln ihren Nektar, von dem sie sich ernähren. Gleichzeitig sorgen sie für die nötige Befruchtung der Bäume, indem sie den Blütenstaub verteilen. Und auch der Imker profitiert von den emsigen Bienen, denn nach der Blütezeit erntet er den Honig aus den Bienenstöcken.

Am besten klappt das, wenn es schön warm ist im Frühling. Nur dann haben die Bienen Lust zu fliegen. Ein kalter Frühling ist schlecht – die Blüten können bei Nachtfrost erfrieren. Und dann wird es für die Bienen knapp mit der Nahrung. Denn ohne Blüten kein Nektar, den sie in den Bienenstock bringen können für sich und ihren Nachwuchs. So entscheidet das Wetter mit darüber, wie groß die Apfelernte im Herbst ausfällt. Und wie es den Bienen – und uns – ergeht.

APFELPARADIES IN DÜSSELDORF-WITTLAER, MEERBUSCH-STRÜMP UND MOERS-KAPELLEN
APFELFEST: sonntags 11 bis 17 Uhr an drei Wochenenden im September, Standort wechselnd
Termine siehe: www.apfelparadies.com

Hast du schon mal Apfelstücke zu lange in deiner Brotdose gelassen, sodass sie braun wurden? Das passiert auch bei Äpfeln, wenn du Obstsalat zubereitest. Oder vergisst, den geschnittenen Apfel schnell genug zu essen. Diese Verfärbung entsteht dadurch, dass der Sauerstoff aus der Luft mit dem Fruchtfleisch in Berührung kommt. Und dort eine chemische Reaktion hervorruft: die Oxidation. Dadurch wird brauner Farbstoff gebildet.

Wie kannst du denn verhindern, dass ein aufgeschnittener oder geschälter Apfel braun wird? Hast du Lust auf ein Experiment? Du brauchst vier Schälchen und einen Apfel. Den Apfel reibst du und gibst jeweils etwas davon in die Schalen. Auf den geriebenen Apfel in der ersten Schale träufelst du etwas Essig. Bei der zweiten Schale kommt etwas Zitronensaft dazu. Bei der dritten ein paar Tropfen von einer aufgelösten Vitamin-C-Brausetablette. In der letzten Schale lässt du den Apfel einfach so liegen. Was passiert?

Der Apfel mit Essig wird genauso braun wie der Apfel ohne alles. Das Saure schützt also nicht. In der zweiten und dritten Schale bleibt der geriebene Apfel aber ansehnlich. Das liegt am Vitamin C von Zitrone und Brausetablette. Vitamin C fängt nämlich den Sauerstoff ein. Und verhindert, dass das Fruchtfleisch oxidiert, also braun wird. Beim nächsten Apfel-Obstsalat einfach etwas Zitronensaft über die geschnittenen Äpfel träufeln.

Normalerweise schützt die Schale das Apfelinnere vor dem direkten Kontakt mit Sauerstoff, weil sie besonders viel Vitamin C enthält. Deswegen sagen deine Eltern, dass du den Apfel besser mit Schale essen sollst als geschält.

EXPERIMENT

Senf, oder:
WARUM IST SENF GUT GEGEN SCHNUPFEN?

Wahrscheinlich isst du lieber Ketchup zum Würstchen als Senf, oder? Kinder müssen sich meist erst an seine Schärfe und seinen Geschmack gewöhnen. Der Senf ist eine regionale Spezialität und typisch für Düsseldorf. Die Senf-Geschichte beginnt 1726 mit dem Bau der ersten deutschen Senffabrik.

Senf kannten die Chinesen schon vor 3000 Jahren. Auch zur Zeit der Pharaonen in Ägypten war das Würz- und Heilmittel bekannt. In Europa verbreitete er sich durch die Römer. Und Düsseldorf wurde zuerst mit einer Senfkreation bekannt, die gar nicht nach Senf klingt: A.B.B. Dahinter stecken die Anfangsbuchstaben eines Namens. Und zwar von Adam Bernhard Bergrath, dem Gründer der ersten Senffabrik. A.B.B-Senf ist scharf und dunkel. Seine Farbe bekommt er, weil für ihn braune statt helle Senfkörner verarbeitet werden. Im Laufe der Zeit nahm die Verarbeitung von weißen Senfkörnern zu. Heutzutage sind die helleren Senfsorten bekannter. Aber den A.B.B-Senf gibt es immer noch. Als Düsseldorfer Spezialität.

Senfmuseum und Senfladen

Was steckt eigentlich alles im Senf? Gemahlene Senfkörner, das Senfmehl, geben ihm den Namen. Für die cremige Beschaffenheit sorgen Wasser und Essig. Salz und Zucker sind eigentlich auch immer dabei. Und je nach Senfmischung kommen weitere Zutaten dazu. Im Senfladen in der Altstadt kannst du Feigen-Senf probieren oder die Honig-Dill-Va-

DÜSSELDORFER SENFLADEN
Berger Straße 29   40213 Düsseldorf

riation. Es gibt ungewöhnliche Kombinationen wie die mit Kokosnuss und Curry oder mit Birne. Im Laden befindet sich eine kleine Museumsecke. Hier siehst du, wie Senfsaat aussieht und erfährst etwas über die Geschichte der Senfherstellung.

Wenn dir Senf zum Essen zu würzig ist, nutze ihn einfach bei der nächsten Erkältung. In einem Senffußbad. Als Zubehör brauchst du Senfmehl, warmes Wasser und eine Schüssel. Die Schärfe im Senf wirkt über die Haut, belebt und wärmt die Füße. Blutkreislauf und Atmung werden angeregt. Und die Schnupfennase kann sich schneller wieder verabschieden.

Es gibt weiße, braune und schwarze Senfkörner !

143

48

Düsseldorfer Marionetten-Theater, oder:
WIE KOMMT LEBEN IN DIE HOLZPUPPE?

Am Anfang ist eine Idee und ein Lindenholzblock. Am Ende gibt es einen Drachen, Jim Knopf, eine Riesenschildkröte oder den Krabat. Und zwar an Fäden. Im Marionetten-Theater Düsseldorf wird jede der Spielfiguren handgemacht. Und erwacht dann bei einer der zahlreichen Aufführungen zum Leben.

In der hauseigenen Werkstatt entstehen Zweibeiner – so nennt man die Menschen-Marionetten – aber auch Tiere, Lokomotiven und Fabelwesen. Die Entwürfe überlegt sich Anton Bachleitner. Er leitet das Marionetten-Theater in der Düsseldorfer Altstadt. 120 Stunden Arbeit stecken in einer Puppe vom Entwurf bis zum Aufschnüren, wenn sie ihre Fäden bekommt. Dazwischen liegen Schnitzkunst, Bemalung und die Ausstattung mit einer Frisur und das Anziehen durch eine Schneiderin. Damit die Marionette sich gut bewegen lässt, bekommt sie ein wenig Blei in die Stirn, in den Po und sogar in die Ellenbogen. So werden ihre Bewegungen ruhiger und für den Puppenspieler kontrollierbarer.

Spielkreuz und Spielbrücke

Im Keller verbirgt sich der Schatz des Theaters. 500 Puppen hängen geschützt durch eine Folie ordentlich in Reihen. Geordnet sind sie und die passenden Bühnenbilder nach den einzelnen Stücken. Sie warten hier auf ihren Einsatz, denn neben Neuaufführungen stehen auch ältere Stücke auf dem

DÜSSELDORFER MARIONETTEN-THEATER

Bilker Straße 7
40213 Düsseldorf

Tel. (02 11) 32 84 32
www.marionettentheater-duesseldorf.de

Spielplan. Angucken kannst du dir das alles im Herbst, beim
Tag der offenen Tür.

Während der Aufführung stehen die Puppenspieler übrigens auf einer Spielbrücke. Zwei Meter über dem Boden.
Und in der Hand halten sie das Spielkreuz, an dem die Marionette an ihren Fäden hängt. Damit wir Zuschauer die Puppen gut sehen, hängen die Spieler halb gebeugt über einer
Brüstung. Das ist ganz schön anstrengend.

Das Marionetten-Theater richtet sich an die ganze Familie. Die meisten Stücke sind ab sechs oder acht Jahren
geeignet. Viele gehen auf den Autor Michael Ende zurück.
Wie Jim Knopf und Lukas, der Lokomotivführer. Und auch
seine Momo kannst du hier als ganz besonderes Puppenspiel
erleben. Viel Vergnügen!

**Das Mario-
nettenthea-
ter ist über
60 Jahre alt**

49

Clara-Schumann-Musikschule, oder:
WER WAR CLARA SCHUMANN?

?

Ein Instrument lernen, Konzerte besuchen oder sogar komponieren – an der Clara-Schumann-Musikschule wird Musik für dich großgeschrieben. Die Musikschule ist nach einer Frau benannt, die schon früh intensiven Klavierunterricht bekam. Ihr eigener Vater unterrichtete sie. Der war sehr streng und sehr fordernd. Kindgerechter sind die Ausbildungsangebote an der Düsseldorfer Musikschule.

Als Clara Wieck wurde sie vor rund 200 Jahren geboren. Mit fünf Jahren fing Clara an, Klavier zu spielen. Sie war sehr begabt. Ein Wunderkind, das schon mit zehn erste Stücke komponierte. Clara heiratete später einen ehemaligen Klavierschüler ihres Vaters. Das war Robert Schumann, der später ein bekannter Komponist wurde. Zu Lebzeiten war Clara als Künstlerin viel berühmter als ihr Mann. Auf ihren Konzertreisen durch Europa spielte sie auch seine Musikstücke. Als Clara 30 war, zogen die beiden nach Düsseldorf. Ihrer Leidenschaft für die Musik blieb sie ein Leben lang treu. Obwohl sie acht Kinder hatte und in einer Zeit lebte, als es für Frauen sehr schwierig war zu reisen und international aufzutreten.

Ein Instrument lernen

Die städtische Musikschule erinnert also an die berühmte Pianistin Clara Schumann. Mehr als 7500 Düsseldorfer Mädchen und Jungen haben hier Musikunterricht. Aller-

Info

CLARA-SCHUMANN-MUSIKSCHULE
Prinz-Georg-Straße 80
40479 Düsseldorf   Tel. (02 11) 8 92 74 21 (Sekretariat)

dings nicht nur in der Prinz-Georg-Straße. Vielmehr verteilt sich der Unterricht auf die Stadtteile, was die Wege zur Schule verkürzt. Von Akkordeon bis Trompete, von Blockflöte bis Saxophon kannst du fast jedes Instrument lernen. Weißt du noch nicht so genau, welches, kannst du zum Schnupperkonzert kommen. Hier stellen Schülerinnen und Schüler ihre Instrumente vor. Du kannst die Instrumente kennenlernen und ausprobieren. Bis auf Klavier, Gitarre, Blockflöte und Schlagzeug kannst du sie sogar ausleihen. In einem Zusatzprogramm gibt es zudem die Möglichkeit, beim Komponieren unterstützt zu werden. Hier lernst du, wie man selbst eigene Musikstücke schreibt.

Tolles Konzertprogramm mit kostenlosem Eintritt

50

Yellowstone-Indianer in Flingern, oder:
WAS IST DER INDIANISCHE MINUTENSCHRITT?

Wenn du denkst, Indianer gibt es nur in Amerika, dann komm mit deinen Eltern nach Flingern in die ehemalige Sportanlage hinter den Bahngleisen. Hier hat der Yellowstone-Indianer-Verein sein Zuhause. Heinrich Oehm ist der Vorsitzende der Gelben Steine, wie Yellowstone übersetzt heißt.

Heinrich befasst sich seit 25 Jahren mit dem Leben und der Kultur der amerikanischen Ureinwohner. Und dieses Wissen gibt er gerne weiter auf Kindergeburtstagen, bei Gruppenführungen und Veranstaltungen. Hinter dem hohen Holzzaun des Yellowstone-Reservats kannst du viel über das Leben der Indianer lernen. Und über ihre Kleidung wie die wertvollen Perlenwesten und den Kopfschmuck mit Original-Adler-Federn. Oder über selbst gebaute Indianermesser und Musikinstrumente, wie die Liebesflöte mit dem geschnitzten Vogelkopf.

Auf dem großen Gelände mit viel Grün leben auch neun Greifvögel. Um die kümmert sich Heinrich Oehm als Falkner. So nennt man jemanden, der Greifvögel (meist sind es Falken) auf die Jagd vorbereitet. Es gibt aber auch eine Goldwaschanlage, eine Hüpfburg und eine Torwand. Mit Pfeilen schießen und Lagerfeuer machen gehört ebenfalls zum Programm. Und manchmal ist das große Tipi aufgebaut. Ein Original-Indianerzelt, in dem 30 Kinder rund um eine Feuerstelle Platz haben.

YELLOWSTONE-INDIANER E. V. DÜSSELDORF
Wald-Wildnis und Naturpädagogik
Flinger Broich 189
40235 Düsseldorf

Tel. (01 75) 1 65 45 74
www.yellowstone-duesseldorf.de

Auf der Jagd

Etwas abenteuerlicher geht es auf den Survival-Wochenenden in einem echten Jagdrevier bei Olpe zu. Hier am Niederrhein hat der Indianer-Verein sein eigenes Revier. Mit Kindern und jeweils einer Begleitperson fährt Heinrich manchmal zum „Überlebenstraining" in der Natur. Alle schlafen in Zelten, kochen über dem Lagerfeuer, beobachten Rehe, Füchse und Wildschweine. Und staunen, wie Adler Alexa, der sonst in Flingern in der Voliere lebt, auf Jagd geht und sich Hasen und Tauben fängt.

Außerdem lernt man, wie Indianer sich auf der Jagd verhalten. Wie sie schleichen, damit sie von den Tieren nicht gesehen werden. Dabei machen sie nur einen Schritt pro Minute. Das ist superlangsam, du kannst es ja selbst einmal ausprobieren. Das nennt man dann den indianischen Minutenschritt. Nur so wirst du von den Tieren nicht erkannt. Denn Tiere nehmen vor allem schnelle Bewegungen wahr, aber keine scharfen Umrisse.

Indianer in der Stadt

51

Führung durch die Kanalisation, oder:
WOHIN FLIESST DEIN DUSCHWASSER?

Kannst du dich an eine Autofahrt in den Urlaub erinnern, als ihr den ganzen Tag unterwegs wart? Von frühmorgens bis spätabends, also rund 1500 Kilometer? Das ist zum Beispiel die Entfernung zwischen Düsseldorf und Rom. Und das ist so lang wie die gesamte Düsseldorfer Kanalisation, wenn man alle Kanäle wie Strohhalme ineinander stecken würde. Einen kleinen Abschnitt davon kannst du besuchen.

Die Kanäle entsorgen das Abwasser. Abwasser entsteht jedes Mal, wenn du dir die Hände wäschst, duschst oder die Toilette benutzt. Beim Toilettengang übrigens besonders viel. Mehr als 100 Liter – das sind mehr als 100 Wasserflaschen – verbraucht jeder Mensch pro Tag. 35 Liter gehen dabei für die Toilette drauf.

Rein in den Kanal

Doch wo fließt das benutzte Wasser hin? Abwasser fließt in eine weitverzweigte Kanalwelt unter der Stadt. Wenn du einmal in diese Unterwelt Düsseldorfs blicken möchtest, kannst du an einer Führung teilnehmen. Weil das etwas aufwendig ist, geht es nur in Gruppen und mit Anmeldung. Der Stadtentwässerungsbetrieb Düsseldorf hat dafür einen stillgelegten Kanalschacht vorgesehen. In der Nähe des Nordparks findest du den Treppeneinstieg.

Blick in die Unterwelt

Mit jedem Schritt auf der Wendeltreppe hinab wird es ein wenig kühler. Über eine Plattform gelangst du in den stillgelegten Kanal. Niedrig wirken die Decken nicht. Sogar ein Erwachsener kann hier gut aufrecht stehen. Aber sobald du

dich von der Plattform und den dort angebrachten Lampen entfernst, wird es dunkel. So richtig dunkel. Also denk daran, eine Taschenlampe mitzunehmen. Im Gänsemarsch geht es immer tiefer in den Kanal. Kleine Mutprobe gefällig? Dann knipse die Taschenlampe aus! So eine Dunkelheit hast du bestimmt noch nie erlebt. Deshalb fix die Taschenlampe wieder an. Vor Ratten musst du übrigens keine Angst haben. Da kein Wasser mehr durch den Kanalabschnitt fließt, ist er für sie uninteressant. Höchstens ein Frosch kann dir begegnen. Beim Sprechen hallt es stark von den Wänden wider. Vereinzelt wachsen Wurzeln von oben durch die Decke. Am Ende des Gangs erreichst du ein großes Eisentor. Dahinter liegt der nächste Kanal. Der ist noch in Betrieb, weshalb es jetzt wieder zurückgeht zum Eingang. Bei so einer Führung

In Düsseldorf gibt es übrigens Kanaldeckel mit Radschlägern

(mehr dazu auf Seite 102)

151

erfährst du ganz viel über die Kanalisation. Und auch, dass es hier schon Fotoshootings, Konzerte und Film-Dreharbeiten gab.

Arbeiten an der Kanalisation

Kanalarbeiter haben einen harten Job. Sie sorgen dafür, dass das Abwasser störungsfrei in die Kläranlagen gelangt, wo es dann gereinigt und wieder aufbereitet wird. In den Kanälen setzen sich Schlamm und Ablagerungen ab. Diese müssen regelmäßig beseitigt werden. Heutzutage wird das mit Hochdruckreinigung erledigt. Dafür sorgt Wasser, das als superharter Strahl aus einem Schlauch schießt. Früher mussten Kanalarbeiter häufiger in den Schacht einsteigen. So nennt man es, wenn sie durch einen geöffneten Gullideckel runtergelassen werden. Manchmal ist das zur Kontrolle auch heute noch notwendig. Aber vieles haben auch kleine Roboter mit Kameras übernommen. Ferngesteuert inspizieren sie die unterirdische Welt und senden Aufnahmen nach oben. Es gibt sogar Roboter, die Risse oder Löcher in den Kanälen reparieren können.

Die Kanalisation schützt vor Krankheiten

Es war ein großer Fortschritt für die Menschen, als in Düsseldorf und in anderen deutschen Städten mit dem Bau einer Kanalisation begonnen wurde. Vor ungefähr 150 Jahren. Das geordnete Ableiten des Abwassers im Untergrund machte das Leben viel hygienischer. Es stank weniger in der Stadt, Krankheiten konnten eingedämmt werden und das Trinkwasser wurde sauberer. Später kamen noch die Kläranlagen dazu.

STADTENTWÄSSERUNGSBETRIEB DÜSSELDORF
Der Einstieg ist in der Erich-von-Witzleben-Straße 40
Kontakt für Führungen: (02 11) 8 92 27 22

Das Abwasser fließt nicht einfach so in den Fluss. Es kommt zunächst in eine Kläranlage. Dort wird es gereinigt und erst dann in den natürlichen Wasserkreislauf zurückgegeben. In einer Kläranlage durchfließt das Abwasser verschiedene Becken. Darin sind Materialien und Stoffe, die es reinigen. So eine Art von Filter-Kläranlage kannst du selber bauen. Mit Sand, Erde und kleinen Steinen wird verschmutztes Wasser sauberer. Diese Materialien brauchst du und außerdem einen großen Plastikbecher, einen Plastikdeckel und ein größeres, möglichst durchsichtiges Gefäß. Der Deckel sollte auf dieses Glas passen. Außerdem brauchst du eine Kanne für das Schmutzwasser. Und Wasser und Schmutz. Den Schmutz darfst du sammeln: Hausstaub, Erde von der Fußmatte oder Krümel. Am besten ziehst du dir dafür Gummihandschuhe an.

In den Plastikbecher bohrst du als Erstes sechs bis zehn Löcher. Am besten geht das mit einer Stricknadel, die du über einem Teelicht erhitzt. Bitte hier einen Erwachsenen um Mithilfe. Dann befüllst du den Becher mit Schichten aus grobem Sand, Kies, Gartenerde, feinem Sand. Der Plastikdeckel bekommt ein großes Loch, in das du den Becher reinstellen kannst. Der Deckel dient als Untersatz auf dem zweiten, etwas größeren Gefäß. Jetzt darfst du Dreckwasser anmischen — mithilfe der gesammelten Schmutzteilchen. Dann gießt du das Schmutzwasser in die Mini-Kläranlage. Sie funktioniert besser, wenn sie vor dem Versuch mehrmals mit klarem Wasser durchgespült wurde. Gieß das Schmutzwasser durch die Filterschichten. Und schau, was unten rauskommt. Das Wasser sollte sauberer sein.

EXPERIMENT

52

Stadtbücherei, oder:
WAS IST EIN KAMISHIBAI?

Lesen entführt dich in andere Welten. Lesen macht dich schlauer. Lesen entspannt. Lesen macht Spaß. Und wenn es mit dem Selberlesen noch nicht so klappt, findest du bestimmt jemanden zum Vorlesen.

Lesefutter findest du in der Stadtbücherei. Hinter dem Hauptbahnhof liegt die Zentralbibliothek. Allein im Kinder- und Jugendbereich sind es 250.000 Medien, die verliehen werden. Man spricht von Medien, weil es hier nicht nur Bücher gibt, sondern auch Hörbücher, Musik-CDs, DVDs, Konsolen-Spiele und sogar Musiknoten. Die Kinder- und Jugendbibliothek liegt gleich rechts vom Eingang. Die Bücher sind geordnet nach Alter und Themen. Verschiedene Farben helfen dir beim Orientieren. Ein oranger Aufkleber auf dem Buchrücken heißt zum Beispiel, dass das Buch für Kinder im Alter von acht Jahren geeignet ist.

Die Welt des Wissens und der Fantasie

Fantasy und Astrid Lindgren, Fußballhelden und Pony-Geschichten, Comics und Krimis — für jeden Geschmack findet sich das passende Buch. Auch die Film- und CD-Auswahl ist riesig. Das Stöbern in den meterlangen Regalen macht dir bestimmt Spaß und du bekommst neue Ideen. Im Schülercenter findest du übrigens alles zur Unterstützung vom Wörterbuch bis zu Übungsheften. Abwechslungsreich ist das Zusatzprogramm der Stadtbücherei. Vor allem in den Schulferien wird der Veranstaltungsbereich in der Kinder-

STADTBÜCHEREIEN DÜSSELDORF
Bertha-von-Suttner-Platz 1
40227 Düsseldorf
Tel. (02 11) 8 99 43 99

www.duesseldorf.de/
stadtbuechereien.html

und Jugendbibliothek für Angebote wie Bilderbuch-App und Kamishibai genutzt. Dahinter verbirgt sich ein japanisches Erzähltheater. Übersetzt bedeutet Kamishibai Papiertheater. Große Bilder werden in einen Kartenständer, der an eine Theaterbühne erinnert, eingeschoben und dazu lesen die Mitarbeiterinnen der Bücherei die Geschichte vor.

2020 soll die Zentralbibliothek in ein neues Gebäude vor dem Hauptbahnhof umziehen. Dann wird sie moderner, und es gibt noch mehr Platz für die Welt der Bücher und all die anderen Ausleihmedien. Für Kinder und Jugendliche ist die Ausleihe übrigens kostenlos.

Es gibt viele kleinere Stadtteil-Büchereien!

Heinrich Heine, oder:
WIE LEBTE DÜSSELDORFS BEKANNTESTER DICHTER?

Sein Geburtsname war Harry. Aber als junger Mann änderte er ihn in Heinrich. Als Heinrich Heine wurde der berühmte Dichter in der ganzen Welt bekannt. In seiner Kindheit lebte er in der Bolkerstraße, mitten in der Düsseldorfer Altstadt. Das ist mehr als 200 Jahre her.

Sein Geburtshaus steht noch heute. Darin sind eine Literaturhandlung und ein Veranstaltungsraum mit Café untergebracht. Passend zum Thema Literatur finden Lesungen und Buchvorstellungen statt. Und immer wieder Workshops und Lesungen für Kinder. Vorne im Laden gibt es einen gut ausgestatteten Kinderbuchbereich. Und wenn du bis nach hinten durch die Buchhandlung gehst, in den heutigen Veranstaltungsraum des Heine Hauses, siehst du die Büste von Heinrich Heines Kopf. Als Erinnerung daran, dass der berühmte Dichter an diesem Ort im Hinterhaus geboren wurde. Die Büste steht auf 80 Originalsteinen des Geburtshauses, das mittlerweile öfter umgebaut wurde.

Harry war das älteste Kind einer Kaufmannsfamilie. Sein Vater war Tuchhändler. Er verkaufte Stoffe, aus denen Kleider und Anzüge genäht wurden. Harry hatte noch eine Schwester und zwei Brüder. In der Nähe seines Wohnhauses besuchte er das Lyzeum. Die Schule an der Königsallee gibt es heute noch und heißt heute Görres-Gymnasium. Sein Abitur machte Harry aber nicht dort. Er wechselte auf eine kaufmännische Schule, lernte bei einer Bank und arbeitete im Geld- und Handelsgeschäft. Danach studierte er noch Jura. Doch eigentlich wollte Heinrich, wie er sich mittlerweile nannte, lieber dichten: Von Jugend an schrieb er Gedichte.

Heinrich Heine und *Die Loreley*

Seinen neuen Vornamen bekam Heinrich Heine, weil er seine Religion wechselte. Ursprünglich stammte er aus einer jüdischen Familie. Als junger Mann trat er dann zum Protestantismus über und wurde evangelisch. Er ließ sich auf den Namen Christian Johann Heinrich taufen. Und nannte sich seitdem Heinrich Heine. 1827 erschien Das Buch der Lieder, eigentlich ein Buch mit vielen Gedichten, das ihn später bekannt machte. Das berühmteste Gedicht darin ist ein Gedicht über die Loreley. Darin geht es um eine hübsche Frau mit langen Haaren, die auf einem Rheinfelsen sitzt und die Schiffer auf dem Fluss so ablenkt mit ihrer Schönheit, dass sie ihr Boot nicht mehr steuern können. Ein altes Märchen, das schon lange erzählt wird, weil in der Rheinkurve

Robert Schumann vertonte viele Heine-Gedichte

wirklich viele Schiffe vom Kurs abkamen und sogar untergingen. Wenn du mal mit dem Zug nach Koblenz fährst, kannst du den Loreley-Felsen in der engen Rheinkurve sehen. Heines Gedicht wurde später vertont und zu einem bekannten Volkslied.

Gesungene Gedichte

Heine war sehr politisch und kritisch. Seine Schriften wurden sogar von der Politik verboten. Deswegen ging er nach Frankreich. In Paris arbeitete er auch als Journalist. Er reiste viel in andere Länder. Und schrieb darüber. Am Ende seines Lebens war er acht Jahre lang schwer krank und lag fast nur im Bett. Das nannte er Matratzengruft. Aber er schrieb auch in dieser schwierigen Zeit. Mit fast 60 Jahren starb er in Paris, wo er begraben ist. Seine Gedichte werden heute noch auf der ganzen Welt gesungen. Und immer wieder besuchen Touristen, vor allem aus China, Japan und Korea, das Heine Haus. Sie machen Fotos von der Hausfassade und der Heine-Büste und kaufen als Erinnerung eine der vielen Heine-Postkarten.

HEINE HAUS
Bolkerstraße 53
40213 Düsseldorf

Tel. (02 11) 3 11 25 22
www.heinehaus.de

Heinrich Heine liebte das Schreiben, das Dichten, das Lesen. Das folgende Spiel-Experiment zeigt dir, wie Lesen unser Gehirn herausfordern kann, wenn verschiedene Informationen an die Augen gelangen. Wenn du noch nicht so gut lesen kannst wie deine Eltern, ist das jetzt sogar von Vorteil. Wahrscheinlich wirst du gewinnen.

Aber fangen wir von vorne an: Du brauchst Bunt- oder Filzstifte. Je mehr Farben du verwendest, desto schwieriger wird es. Vielleicht fängst du mit sechs Farben an. Dann schreibst du die Farben auf ein Blatt Papier. Wichtig ist, dass du das Wort Gelb nicht in gelber Stiftfarbe schreibst, sondern in einer anderen. Zum Beispiel in Braun. Das Wort Rot schreibst du in grüner Schrift, das Wort Grün dafür in schwarzer. Und so weiter. Bis du ein paar Zeilen zusammenhast. Jetzt brauchst du noch einen Mitspieler. Ihm zeigst du das beschriebene Blatt und bittest ihn, jeweils die Farbe zu sagen, in der das Wort geschrieben ist. Also nicht das Wort vorzulesen, sondern stattdessen die Farbe zu nennen. Wetten, dass die Erwachsenen, die eher trainiert sind im Lesen, mehr Fehler machen?

Im Gehirn entsteht nämlich Verwirrung, wenn wir etwas auf zwei verschiedene Arten wahrnehmen: Der Sprachbereich im Gehirn konzentriert sich auf die Buchstaben und will das gelesene Wort sagen. Dem Farbbereich dagegen sind die Buchstaben schnuppe. Er erkennt die Schriftfarbe und will diese nennen. Beide Informationen erreichen das Gehirn. Das Experiment erfordert ganz schön Konzentration. Das wirst du beim Ausprobieren schnell merken. Kindern, die noch nicht so vertraut sind mit Buchstaben und dem Lesen wie Erwachsene, fällt es meist leichter, sich auf die Farben zu konzentrieren.

EXPERIMENT

53

zakk-Straßenfest, oder:
WAS MACHT DER FLOH AUF DEM FLOHMARKT?

Willst du dein Taschengeld aufbessern? Wie wär's mit einem Flohmarkt? Alte Spielsachen, Bücher, CDs, Puzzles, aus denen du „rausgewachsen" bist, kannst du beim Trödel auf dem zakk-Straßenfest verkaufen. Mit mehr als 300 Ständen ist es der größte private Trödel in Düsseldorf.

Beim Straßenfest verwandelt sich das Gelände rund um das Kulturzentrum zakk in eine Mischung aus Flohmarkt und Riesenspielplatz. Für Letzteres sorgen Hüpfburg, Kinderschminken und Bastelaktionen. Deine Eltern können derweil an den Infoständen alles Mögliche über Düsseldorf erfahren – das Geburtshaus ist genauso vertreten wie Umweltschutzgruppen. Und leckeres Essen gibt es auch. Neben Pommes und Currywurst kannst du Falafel, Veggie-Burger oder indisches Essen probieren.

Flohmarkt ohne Flöhe

Der Flohmarkt ist natürlich auch spannend, wenn du selbst nichts verkaufen möchtest. Und lieber nach Sachen stöberst. Warum heißt der Flohmarkt eigentlich Flohmarkt? Nach einem kleinen Tier, das für Juckreiz sorgt? Das kommt daher, weil früher in alten Kleidern oft Flöhe lebten. Und wenn man auf einem Markt gebrauchte Kleider kaufte, gab's die Flöhe gratis dazu. Das ist natürlich heute längst nicht mehr der Fall. Nur der Name ist geblieben.

Das zakk-Straßenfest findet nur einmal im Jahr statt, meist im Spätsommer. Dafür gibt es das Fest schon seit

ZAKK GMBH
Zentrum für Aktion, Kultur und
Kommunikation
Fichtenstraße 40

40233 Düsseldorf
Tel. (02 11) 9 73 00 34
www.zakk.de

über 40 Jahren. Und zwar seit der Gründung des zakk. Das heißt eigentlich viel sperriger, nämlich Zentrum für Aktion, Kultur und Kommunikation. Der lange Name steht für ein volles und vielfältiges Programm. Bei dem immer wieder kreative Projektangebote für Kinder dabei sind. Das alles in einem alten, umgebauten Fabrikgelände im Düsseldorfer Stadtteil Flingern.

Günstige Spielsachen, Bücher und Kleider

54 Kö-Lauf für Kinder, oder: WOHER KOMMT DER METER?

Einmal im Jahr geht es sportlich zu auf der Königsallee. Dort, wo die Düsseldorfer sonst shoppen gehen, im Straßencafé sitzen und im schicken Sportwagen vorbeidüsen, haben Läufer Vorfahrt. Die Kö wird zur Laufstrecke. Und beim Kinder-Kö-Lauf kannst du selbst an den Start gehen.

Du bekommst eine Startnummer wie die erwachsenen Läufer. Diese musst du gut sichtbar an deinem T-Shirt befestigen. Am Start geht es erst mal trubelig und eng zu. Ungeduldig wartet jede Altersgruppe hinter dem Absperrband. Alle starten gleichzeitig. Zum Glück verteilt sich das schnell, wenn es losgeht auf die Strecke. Und das heißt für den Kinder-Kö-Lauf: Die jüngeren Kinder laufen 1,1 Kilometer. Das sind in etwa drei Runden auf der Laufbahn in einem Stadion. Die Jugendlichen ab 13 Jahren laufen eine doppelt so lange Strecke. Viele Zuschauer stehen am Straßenrand und feuern auch dich an. Da macht das Laufen noch mehr Spaß.

Wie misst man Strecken

Laufstrecken werden in Kilometern oder Metern angegeben. In der Schule lernst du irgendwann das Umrechnen der verschiedenen Einheiten. Ein Meter ist ungefähr so lang wie der große Schritt eines Erwachsenen. Das Wort kommt von dem griechischen Wort métron, was so viel bedeutet wie Maß oder Werkzeug zum Messen. Bis vor etwas mehr als 200 Jahren gab es den Meter allerdings noch gar nicht. Bis dahin verwendeten die Menschen zum Abmessen von Abständen unter anderem Elle und Fuß. Eine Elle ist die Länge

info

STADTWERKE DÜSSELDORF HALBMARATHON
auf der Kö am ersten Sonntag im September
www.swd-koelauf.de

des Unterarms, ein Fuß so lang wie – ein Fuß. Etwas ungenau, oder? Denn Elle und Fuß sind bei jedem Menschen anders. So entschied man sich Ende des 18. Jahrhunderts, eine allgemein gültige Maßeinheit einzuführen: den Meter. Beim Kö-Lauf läufst du 1100 Meter. Und wenn du älter bist 2200.

Für die Teilnahme musst du dich anmelden

55

Märchenspiele Zons, oder:
WO TRIFFST DU SCHNEEWITTCHEN UND DORNRÖSCHEN?

Der Gestiefelte Kater war als Erstes zu Gast. Ihm folgten die Prinzessin auf der Erbse, Aschenputtel, Dornröschen und viele andere. In den Sommermonaten verwandelt sich die Freilichtbühne Zons in eine Märchenwelt. Theater an der frischen Luft mit traumhaften Kostümen und toller Kulisse nahe bei Schloss Friedestrom.

Auf der Bühne steht ein kleines Schloss als feste Kulisse. Es hat schon viele Prinzessinnen gesehen. Jedes Jahr kommt ein anderes Märchen auf die Bühne. Das Besondere dabei ist: Die Stücke werden von Laiendarstellern gespielt. Also von Leuten, die keine ausgebildeten Schauspieler sind. Mehr als 60 Menschen wirken vor und hinter der Bühne an der Umsetzung mit. Auch ganze Familien. Das jüngste Ensemble-Mitglied ist ein Jahr alt, das älteste über 90 Jahre. Neben den Hauptrollen müssen etliche Nebenrollen besetzt werden. Oder eine dem König zujubelnde Volksmenge. Oder Tauben, Bienen, Störche. Je nach Märchen sieht die Besetzungsliste anders aus. Dazu gehören immer mehrere Einlagen mit Volkstänzen, die das Stück auflockern. Wenn du selber einmal mitmachen möchtest, musst du einiges an Zeit für die Proben mitbringen. Dafür schnupperst du Theaterluft.

Theater im Freien

Theater im Freien gibt es schon seit der Antike. Im alten Griechenland und bei den Römern waren das Amphitheater. Das sind runde oder ovale Theaterbauten ohne Dach mit

MÄRCHENSPIELE AUF DER FREILICHTBÜHNE ZONS

Wiesenstraße
41541 Dormagen

Tel. (02 21) 44 12 01 (Karten)
www.freilichtbuehne-zons.de

einer Bühne in der Mitte. Die Zuschauerreihen waren wie große Stufen drumherum angeordnet. Die Bühne lag etwas tiefer, sodass die Zuschauer das Theatergeschehen von überall gut sehen konnten.

In Rom steht heute noch das größte Amphitheater der Antike, das Kolosseum. Hier fanden nicht nur Theateraufführungen statt, sondern auch Gladiatoren- und Tierkämpfe sowie Sportveranstaltungen. Die Freilichtbühne in Zons ist von der Form her zwar kein Amphitheater, aber auch hier wird bei Wind und Wetter gespielt. Fast 1000 Zuschauer finden Platz nahe der alten Stadtmauer. Den märchenhaften Theaterbesuch kannst du mit einer Fährfahrt über den Rhein oder einer Radtour verbinden.

Zons ist eine mittelalterliche Stadt !

56

Kinderspielhaus, oder:
WO WIRST DU ZUM HOBBY-KÜNSTLER?

Stell dir vor, es würde keinen Spielplatz in der Nähe deines Zuhauses geben. Wenn man keinen eigenen Garten hat und auch kein Park in der Nähe ist, kann das ganz schön langweilig werden. So ging es den Kindern im Düsseldorfer Stadtteil Flingern zu der Zeit, als deine Eltern Kind waren. Deswegen entstand das Kinderspielhaus als großer überdachter Spielplatz.

Es ist die größte Kinderfreizeiteinrichtung in Nordrhein-Westfalen. Mittlerweile gibt es aber auch in Flingern mehr Spiel- und Bolzplätze. Trotzdem zieht das Angebot im Kinderspielhaus immer noch viele Kinder an.

1000 Grad im Brennofen

Zum Beispiel die Töpferstunde. Ob Figuren, Schalen oder Becher, das Werkeln mit Ton erfordert Fantasie und Fingerfertigkeit. Schon in der Jungsteinzeit gab es die ersten Tongefäße. Die Brenntechnik ist heute ausgefeilter, das Prinzip das gleiche. Es gibt verschiedene Techniken, um ein Gefäß herzustellen. Du kannst Tonwürste im Kreis übereinanderschichten und glattstreichen – das ist die Aufbautechnik. Du kannst auch eine schon vorgegebene Form mit Ton innen auskleiden und die getrocknete Tonschicht dann aus dieser Form lösen. Und du kannst die Töpferscheibe benutzen. Das ist eine sich schnell drehende Scheibe. Die Bewegung hilft dir beim Gefäßgestalten. Dann spricht man von der Drehtechnik. Das Prinzip der Töpferscheibe ist alt – sie gab es schon vor 8000 Jahren in China. Natürlich noch ohne Strom.

KINDERSPIELHAUS DÜSSELDORF
Dorotheenstraße 39
40235 Düsseldorf

Tel. (02 11) 8 99 86 24
www.kinderspielhaus-duesseldorf.de

Ist die Töpferarbeit gestaltet, kommt sie in den Brennofen – erst durch starke Hitze wird der Ton dann dauerhaft hart.

Drinnen und draußen spielen

Töpfern ist nur eines der Angebote im Kinderspielhaus. Ansonsten kannst du malen, Theater spielen, schneidern, Schmuck selber herstellen, einen Film drehen oder gemeinsam kochen. Ein Garten mit Gemüseecke und Sinnesparcours, ein Spielplatz mit Kletterwand und Bolzplatz locken im Freien. Und drinnen kannst du dich in einer großen Spielhalle austoben, sollte das Wetter für draußen nicht passen. Oder wenn du einfach Lust hast, die sechs Meter hohe Rutsche runterzusausen.

Schau einfach mal vorbei

Eine Besonderheit im Kinderspielhaus ist, dass Kunst großgeschrieben wird: Kunst, gemacht von Kindern und von bekannten Künstlern, die hier ausstellen. Manchmal mischt sich beides. Zu den Ausstellungseröffnungen in der Galerie kommen die Künstler selbst vorbei.

Bildnachweis

Fotos: Annette Kanis, außer: Silhouette Umschlag: Fotolia © JiSign
S. 13: Bastian Busch; S. 15, 29, 45, 51, 61, 63, 74, 77, 87, 143: Michael Rennertz, Meerbusch; S. 19: KIT – Kunst im Tunnel; S. 21: Filmmuseum Düsseldorf; S. 25: Tomás Saraceno, In Orbit, 2013, Installation view, Kunstsammlung Nordrhein-Westfalen, K21 Ständehaus, Düsseldorf, Curated by Marion Ackermann und Susanne Meyer-Büser. Courtesy the artist; Tanya Bonakdar Gallery, New York; Andersen's Contemporary, Copenhagen; Pinksummer contemporary art, Genoa; Esther Schipper, Berlin. Photography by Tomás Saraceno, 2013; S. 31: Akki e. V.; S. 43: Pixabay; S. 57: Hans Jörg Michel; S. 71: Holger Knauf; S. 81: Bildarchiv Aquazoo Löbbecke Museum; S. 95 rechts oben: Kinderbauernhof Stadt Neuss; S. 97: Hans Blossey; S. 101: Katja Illner; S. 103: Düsseldorf Marketing & Tourismus GmbH, Fotograf U. Otte; S. 105: Gartenamt Landeshauptstadt Düsseldorf; S. 111: Bädergesellschaft Düsseldorf; S. 119: Matthias Ernst Borussia Düsseldorf; S. 127: uco; S. 128: Fotolia © Jean Vaillancourt, Click Images; S. 131: LVR-ZMB Laura Bohm; S. 135: Sandra Kügler; S. 137: Sebastian Hoppe; S. 139, 140: Apfelparadies; S. 145: Düsseldorfer Marionetten-Theater; S. 147: Margret v. Conta; S. 151: Stadtentwässerungsbetrieb der Landeshauptstadt Düsseldorf; S. 161: Felix Vollmer; S. 163: Björn Waldeck; S. 165: Märchenspiele Zons

Impressum

Die Deutsche Nationalbibliothek verzeichnet diese Publikation in der Deutschen Nationalbibliografie; detaillierte bibliografische Daten sind im Internet über http://dnb.d-nb.de abrufbar.

© 2018 Droste Verlag GmbH, Düsseldorf
© I. Schmitt-Menzel/Friedrich Streich
WDR mediagroup GmbH
Lektorat: Heike Brillmann-Ede, Berlin
Gestaltung und Satz: Droste Verlag
Druck und Bindung: Gutenberg Beuys
Feindruckerei GmbH, Langenhagen
ISBN 978-3-7700-2010-2

www.drosteverlag.de